A DIGNIDADE DA PESSOA HUMANA NO DIREITO CONSTITUCIONAL CONTEMPORÂNEO

A CONSTRUÇÃO DE UM CONCEITO JURÍDICO À LUZ DA JURISPRUDÊNCIA MUNDIAL

LUÍS ROBERTO BARROSO

Tradução

Humberto Laport de Mello

A DIGNIDADE DA PESSOA HUMANA NO DIREITO CONSTITUCIONAL CONTEMPORÂNEO

A CONSTRUÇÃO DE UM CONCEITO JURÍDICO À LUZ DA JURISPRUDÊNCIA MUNDIAL

8ª reimpressão

Belo Horizonte

2024

2013 1ª reimpressão
2013 2ª reimpressão
2014 3ª reimpressão
2016 4ª reimpressão
2020 5ª Reimpressão
2021 6ª Reimpressão
2022 7ª Reimpressão
2024 8ª Reimpressão

FÓRUM

Luís Cláudio Rodrigues Ferreira
Presidente e Editor

Revisão: Leonardo Eustáquio Siqueira Araújo
Bibliotecários: Ana Carolina Marques – CRB 2933 – 6ª Região
Izabel Antonina de A. Miranda – CRB 2904 – 6ª Região
Ricardo Neto – CRB 2752 – 6ª Região
Projeto gráfico: Walter Santos
Diagramação: Reginaldo César de Sousa Pedrosa
Capa: Bruno Lopes

Rua Paulo Ribeiro Bastos, 211 – Jardim Atlântico – CEP 31710-430
Belo Horizonte – Minas Gerais – Tel.: (31) 2121.4900
www.editoraforum.com.br – editoraforum@editoraforum.com.br

B277d Barroso, Luís Roberto

A dignidade da pessoa humana no direito constitucional contemporâneo: a construção de um conceito jurídico à luz da jurisprudência mundial / Luís Roberto Barroso ; tradução Humberto Laport de Mello. – 8. reimpressão. – Belo Horizonte : Fórum, 2012.

132 p.
Título original: Here, there, and everywhere: human dignity in contemporary law and in the transnational discourse
ISBN 978-85-7700-639-7

1. Direito constitucional. 2. Direito internacional público. 3. Filosofia. 4. Direitos humanos. I. Mello, Humberto Laport de. II. Título.

CDD: 342
CDU: 342.1

Informação bibliográfica deste livro, conforme a NBR 6023:2002 da Associação Brasileira de Normas Técnicas (ABNT):

BARROSO, Luís Roberto. *A dignidade da pessoa humana no direito constitucional contemporâneo*: a construção de um conceito jurídico à luz da jurisprudência mundial. Tradução Humberto Laport de Mello. 8. reimpr. Belo Horizonte: Fórum, 2012. 132 p. Título original: *Here, there, and everywhere*: human dignity in contemporary law and in the transnational discourse. ISBN 978-85-7700-639-7.

Dedico este livro ao militante anônimo dos direitos humanos, que em algum lugar do planeta, sem recursos e sem holofotes, trabalha por um mundo melhor.

SUMÁRIO

INTRODUÇÃO 9

CAPÍTULO 1
A DIGNIDADE HUMANA NO DIREITO CONTEMPORÂNEO 13
I. Origem e Evolução 13
II. Direito Comparado, Direito Internacional e Discurso Transnacional 19
1 A dignidade humana nas constituições e na jurisprudência de diferentes países 19
2 A dignidade humana nos documentos e na jurisprudência internacionais 29
3 A dignidade humana no discurso transnacional 33
III. A Dignidade humana nos Estados Unidos da América 40
IV. Argumentos contrários ao uso da dignidade humana como um Conceito Jurídico 55

CAPÍTULO 2
A NATUREZA JURÍDICA E O CONTEÚDO MÍNIMO DA DIGNIDADE HUMANA 61
I. A dignidade humana como um princípio jurídico 61
II. A influência do pensamento kantiano 68
III. O conteúdo mínimo da ideia de dignidade humana 72
1 Valor intrínseco 76
2 Autonomia 81
3 Valor comunitário 87

CAPÍTULO 3
UTILIZAÇÃO DA DIGNIDADE HUMANA PARA A ESTRUTURAÇÃO DO RACIOCÍNIO JURÍDICO NOS CASOS DIFÍCEIS 99
I. Aborto 99
II. Casamento de pessoas do mesmo sexo 103
III. Suicídio assistido 106

CONCLUSÃO 111

POST SCRIPTUM.. 115

REFERÊNCIAS... 123

INTRODUÇÃO

O Sr. Wackeneim, na França, queria tomar parte em um espetáculo conhecido como "arremesso de anão", no qual frequentadores de uma casa noturna deveriam atirá-lo à maior distância possível. A Sra. Evans, no Reino Unido, após perder os ovários, queria poder implantar em seu útero os embriões fecundados com seus óvulos e o sêmen do ex-marido, de quem se divorciara. A família da Sra. Englaro, na Itália, queria suspender os procedimentos médicos e deixá-la morrer em paz, após dezessete anos em estado vegetativo. O Sr. Ellwanger, no Brasil, gostaria de continuar a publicar textos negando a ocorrência do Holocausto. O Sr. Lawrence, nos Estados Unidos, desejava poder manter relações homoafetivas com seu parceiro, sem ser considerado um criminoso. A Sra. Lais, na Colômbia, gostaria de ver reconhecido o direito de exercer sua atividade de trabalhadora do sexo, também referida como prostituição. O Sr. Gründgens, na Alemanha, pretendia impedir a republicação de um livro que era baseado na vida de seu pai e que considerava ofensivo à sua honra. A Sra. Grootboom, na África do Sul, em situação de grande privação, postulava do Poder Público um abrigo para si e para sua família. O jovem Perruche, na França, representado por seus pais, queria receber uma indenização pelo fato de ter nascido, isto é, por não ter sido abortado, tendo em vista que um erro de diagnóstico deixou de prever o risco grave de lesão física e mental de que veio a ser acometido.

Todos esses casos reais, decididos por cortes superiores ao redor do mundo, têm um traço em comum: subjacente à decisão de cada um deles, de modo implícito ou expresso, esteve presente a necessidade de se fixar o sentido e o alcance da ideia de dignidade humana. Nas últimas décadas, a dignidade humana tornou-se um dos maiores exemplos de consenso ético do mundo ocidental, sendo mencionada em incontáveis documentos internacionais, em constituições nacionais, leis e decisões judiciais. No plano abstrato, poucas ideias se equiparam a ela na capacidade de encantar o espírito e ganhar adesão unânime. Contudo, em termos práticos, a dignidade, como conceito jurídico, frequentemente funciona como um mero espelho, no qual cada um projeta os seus próprios valores. Não é por acaso, assim, que a dignidade, pelo mundo afora, tem sido invocada pelos dois lados em disputa, em matérias como aborto, eutanásia, suicídio assistido, uniões homoafetivas, *hate speech* (manifestações de ódio a grupos determinados, em razão de raça, religião, orientação sexual ou qualquer outro fator), clonagem, engenharia genética, cirurgias de mudança de sexo, prostituição, descriminalização das drogas, abate de aviões sequestrados, proteção contra a autoincriminação, pena de morte, prisão perpétua, uso de detector de mentiras, greve de fome e exigibilidade de direitos sociais. A lista é longa.

Nos Estados Unidos, as referências à dignidade humana na jurisprudência da Suprema Corte remontam a década de 1940. O uso do conceito no Direito americano, todavia, tem sido episódico e pouco desenvolvido,[1] relativamente incoerente e contraditório,[2] além de carente de maior especificidade e clareza.[3] Apesar disso, é perceptível, nos últimos anos, uma tendência das cortes americanas ao emprego da ideia de dignidade humana em casos envolvendo direitos fundamentais, como o direito à privacidade e à igualdade, à proibição de buscas e apreensões inconstitucionais e de penas cruéis e incomuns, além do "direito de morrer".[4] A adoção de uma ideia expandida de dignidade humana como um dos fundamentos da *Bill of Rights* dos Estados Unidos foi louvada como um salto qualitativo por uma série de renomados autores,[5] embora essa compreensão não seja unânime. No Judiciário e na academia, vozes como a do *Justice* Antonin Scalia ou do Professor James Whitman têm enfaticamente contestado a função da dignidade humana na interpretação constitucional e no raciocínio jurídico em geral, além de questionar a sua necessidade, conveniência e constitucionalidade.[6] Mais ainda: alguns encaram com desagrado, quando não com horror, a mera

---

[1] Vicki C. Jackson (Constitutional dialogue and human dignity: States and transnational constitutional discourse. *Montana Law Review*, n. 65, p. 15, 2004).

[2] Neomi Rao (On the use and abuse of dignity in constitutional law. *Columbia Journal of European Law*, n. 14, p. 201, 2007-2008).

[3] Gerald L. Neuman. (Human dignity in United States constitutional law. *In*: SIMON, Dieter; WEISS, Manfred (Ed.). *Zur Autonomie des Individdums*, 2000. p. 250).

[4] V. Maxima D. Goodman (Human dignity in Supreme Court constitutional jurisprudence, *Nebraska Law Review*, n. 84, p. 740, 2005-2006).

[5] V. Laurence Tribe (*Larry Tribe on Liberty and Equality*. Disponível em: <http://balkin.blogspot.com/2008/05/larry-tribe-on-liberty-and-equality.html>). ("A estratégia que, para mim, permite o melhor vislumbre do infinito é aquela que resiste à compartimentalização rígida e que vai além da dicotomia entre liberdade e igualdade para reconhecer o fundamento último de ambos os conceitos em uma ideia expandida de dignidade humana").

[6] V. James Q. Whitman (The two western cultures of privacy: Dignity versus liberty. *Yale Law Journal*, n. 113, p. 1151, 1160, 1221, 2004).

possibilidade de recorrer às contribuições doutrinárias e jurisprudenciais estrangeiras sobre a dignidade humana, com a finalidade de estabelecer uma visão comum a respeito do seu significado.[7]

As ideias que se seguem estão baseadas no pressuposto de que a dignidade humana é um conceito valioso, com importância crescente na interpretação constitucional, e que pode desempenhar um papel central na fundamentação de decisões envolvendo questões moralmente complexas. Tendo isso em mente, o presente artigo busca alcançar três objetivos principais. O primeiro deles é demonstrar a importância que a dignidade humana assumiu na jurisprudência nacional e internacional, assim como no discurso transnacional.[8] Procura-se demonstrar, a esse propósito, que os Estados Unidos, embora ainda timidamente, têm se alinhado a essa tendência, e que não há motivos para que não devesse fazê-lo. O segundo objetivo é o de precisar a natureza jurídica da dignidade da pessoa humana — direito fundamental, valor absoluto ou princípio jurídico? — e definir o seu conteúdo mínimo, o qual, como aqui se sustenta, é composto por três elementos: o valor intrínseco de cada ser humano, a autonomia individual e o valor comunitário. O propósito visado é o de determinar as implicações jurídicas associadas a cada um desses elementos, isto é, estabelecer quais são os direitos fundamentais, os deveres e as responsabilidades que deles derivam. O terceiro e último objetivo é mostrar como a definição da natureza jurídica e do conteúdo mínimo da dignidade humana pode ser útil para estruturar o raciocínio jurídico nos casos difíceis. Como exemplos para confirmar o argumento central do trabalho, são utilizados os casos do aborto, casamento de pessoas do mesmo sexo e do suicídio assistido.

A globalização do direito é uma característica essencial do mundo moderno,[9] que promove, no seu atual estágio, a confluência entre Direito Constitucional, Direito Internacional e Direitos Humanos. As instituições nacionais e internacionais procuram estabelecer o enquadramento

---

[7] V. Richard Posner (No thanks, we already have our own laws. *Legal Affairs*, July/August 2004) (defendendo que o uso de decisões estrangeiras, mesmo que de modo limitado, é danoso ao Poder Judiciário e reduz a influência dos juízes).

[8] Com a expressão "discurso transnacional" quer-se significar a menção e o uso argumentativo de jurisprudência estrangeira e internacional pelo Judiciário de um determinado país.

[9] A respeito do tema da globalização do Direito, v. Duncan Kennedy (Three Globalizations of Law and Legal Thought: 1850-2000. *In*: David Trubek & Alvaro Santos, (Ed.). *The new law and development*: a critical appraisal, 2006). Sobre a emergência de um direito transnacional, v. Harold Hongju Koh (The globalization of freedom, *Yale J. Int'l L.*, n. 26, p. 205, 2001). Sobre constitucionalismo e globalização, v. Jeffrey L. Dunoff e Joel P. Trachtman (A functional approach to global constitutionalism. *In*: DUNOFF, Jeffrey L.; TRACHTMAN, Joel P. (Ed.). *Ruling the world*: constitutionalism, international law, and global governance, 2009).

para a utopia contemporânea: um mundo de democracias, comércio justo e promoção dos direitos humanos.[10] A dignidade humana é uma das ideias centrais desse cenário. Já passou o tempo de torná-la um conceito mais substantivo no âmbito do discurso jurídico, no qual ela tem frequentemente funcionado como um mero ornamento retórico, cômodo recipiente para um conteúdo amorfo.

---

[10] É embaraçoso reconhecer, como o fez a *Justice* Rosie Abbei da Suprema Corte do Canadá, em uma conversa na *Harvard Law School* no dia 6 de abril de 2011, que o comércio internacional avançou muito mais do que os direitos humanos ao longo dos últimos 60 anos.

CAPÍTULO 1

A DIGNIDADE HUMANA NO DIREITO CONTEMPORÂNEO

I. ORIGEM E EVOLUÇÃO

Em uma linha de desenvolvimento que remonta a Roma antiga, atravessa a Idade Média e chega até o surgimento do Estado liberal, a dignidade — *dignitas* — era um conceito associado ao *status* pessoal de alguns indivíduos ou à proeminência de determinadas instituições.[11] Como um *status* pessoal, a dignidade representava a posição política ou social derivada primariamente da titularidade de determinadas funções públicas, assim como do reconhecimento geral de realizações pessoais ou de integridade moral.[12] O termo também foi utilizado para qualificar certas instituições, como a pessoa do soberano, a coroa ou o Estado, em referência à supremacia dos seus poderes.[13] Em cada caso, da dignidade decorria um dever geral de respeito, honra e deferência, devido àqueles indivíduos e instituições merecedores de tais distinções, uma obrigação cujo desrespeito poderia ser sancionado com medidas civis e penais.[14] Até o final do século XVIII a dignidade ainda não estava relacionada com os direitos humanos. De fato, na Declaração Universal dos Direitos do Homem e do Cidadão de 1789, ela estava entrelaçada

---

[11] Christopher McCrudden (Human dignity and judicial interpretation of human rights. *European Journal of International Law*, n. 19, p. 655-7, 2008).

[12] Izhak Englard (Human dignity: from antiquity to modern Israel's constitutional framework, *Cardozo Law Review*, n. 21, p. 1903, 1904, 1999-2000).

[13] V. Jean Bodin (*Les six livres de la république*, p. 144, 1593).

[14] Charlotte Girard e Stéphanie Hennette-Vauchez (*La dignité de la personne humaine*: recherche sur un processus de juridicisation, 2005. p. 24).

com ocupações e posições públicas;[15] nos Estados Unidos, as referências à dignidade nos Artigos Federalistas, por exemplo, diziam respeito a cargos, ao governo ou a nação como um todo.[16] Portanto, na cultura ocidental, começando com os romanos e chegando até o século XVIII, o primeiro sentido atribuído à dignidade — enquanto categorização dos indivíduos — estava associado a um *status* superior, uma posição ou classificação social mais alta.

Como se percebe, a dignidade em seu sentido pré-moderno pressupunha uma sociedade hierarquizada, na qual a desigualdade entre diferentes categorias de indivíduos era parte constitutiva dos arranjos institucionais. De modo geral, a dignidade era equivalente à nobreza, implicando em tratamento especial, direitos exclusivos e privilégios. Tendo essas premissas como base, não parece correto entender a ideia contemporânea de dignidade humana como um desenvolvimento histórico do conceito romano de *dignitas hominis*. Incorporada em documentos internacionais, tratados e constituições como a base para uma ordem nacional e internacional fundada sobre a liberdade e a igualdade — muitos acrescentariam a solidariedade —, não parece possível, de modo algum, associar ambas as ideias em uma relação linear de sucessão. A noção atual de dignidade humana não substitui a antiga, pois é produto de uma história diferente, que correu paralelamente à narrativa apresentada acima. Deve ficar claro, contudo, que o entendimento atual de dignidade humana possui origens religiosas e filosóficas que remontam a muitos séculos, sendo talvez quase tão antigo quanto o anterior.

A dignidade humana, como atualmente compreendida, se assenta sobre o pressuposto de que cada ser humano possui um valor intrínseco e desfruta de uma posição especial no universo. Diversas religiões, teorias e concepções filosóficas buscam justificar essa visão metafísica. O longo desenvolvimento da compreensão contemporânea de dignidade humana se iniciou com o pensamento clássico[17] e tem como marcos

---

[15] Declaração dos Direitos do Homem e do Cidadão, art. 6: "...todos os cidadãos são iguais aos olhos da lei e igualmente admissíveis a todas as dignidades, lugares e empregos públicos, segundo a sua capacidade e sem outra distinção que não seja a das suas virtudes e dos seus talentos".

[16] V. Jeremy Rabkin (What can we learn about human dignity from international law. *Harv. J. L. & Pub. Pol'y*, n. 27, 2003, p. 145, 156); e Neomi Rao (On the use and abuse of dignity in constitutional law. *Columbia Journal of European Law*, n. 14, p. 238, 2007-2008).

[17] O primeiro uso registrado da expressão "dignidade do homem" é atribuído ao estadista e filósofo romano Marco Túlio Cícero, no seu tratado *De Officis* ("Sobre os deveres"), de 44 a.C., em uma passagem na qual ele distingue a natureza dos homens da dos animais (XXX.105-107): "Mas é essencial a todas as investigações sobre o dever, que nós mantenhamos diante de

a tradição judaico-cristã, o Iluminismo e o período imediatamente posterior ao fim da Segunda Guerra Mundial. Sob uma perspectiva religiosa, o monoteísmo hebraico tem sido considerado como o ponto inicial: a unidade da raça humana é o corolário natural da unidade divina.[18] As ideias centrais que estão no âmago da dignidade humana podem ser encontradas no Velho Testamento, a Bíblia Judaica: Deus criou o ser humano à sua própria imagem e semelhança (*Imago Dei*)[19] e impôs sobre cada pessoa o dever de amar seu próximo como a si mesmo.[20] Essas máximas são repetidas no Novo Testamento cristão.[21] Devido à sua influência decisiva sobre a civilização ocidental, muitos autores enfatizam o papel do cristianismo na formação daquilo que veio a ser conhecido como dignidade humana, encontrando nos Evangelhos elementos de individualismo, igualdade e solidariedade que foram fundamentais no desenvolvimento contemporâneo da sua abrangência.[22] É difícil exagerar o papel que o cristianismo em geral,

---

nossos olhos o quão superior o homem é, por natureza, do gado e de outros animais: eles não têm pensamento, exceto para o prazer carnal, e à procura disso eles são impelidos por cada instinto, mas a mente do homem é alimentada pelo estudo e pela meditação; ele está sempre investigando ou agindo, e é cativado pelo prazer de ver e ouvir (...) [106]. Disso nós vemos que o prazer carnal não está a altura da dignidade do homem e que devemos desprezá-lo e afastá-lo de nós; mas, caso se encontre alguém que atribui algum valor para a gratificação carnal, ele deve se manter estritamente dentro dos limites da indulgência moderada. Os desejos e satisfações físicas de alguém devem, portanto, ser orientados de acordo com as exigências da saúde e da força, não obedecendo aos chamados do prazer. E se tivermos em mente a superioridade e a dignidade da nossa natureza, devemos perceber quão errado é abandonar-nos ao excesso e viver na luxúria, voluptuosamente, e quão correto é viver de forma parcimoniosa, com autonegação, simplicidade e sobriedade". V. texto integral em inglês (Walter Miller, 1913) em: <http://www.constitution.org/rom/de_officiis.htm>. Para um comentário sobre o pensamento de Cícero e sobre a influência que ele sofreu da filosofia grega, especialmente do estoicismo, v. Hubert Cancik ("Dignity of Man" and "Persona" in stoic anthropology: some remarks on Cicero, *De Officis* I 105-107. *In*: KRETZMER, David; KLEIN, Eckart (Ed.). *The concept of human dignity in human rights discourse.* 2002. p. 20-21). Cancik observa que Cícero foi bastante influenciado por um autor grego, Panécio de Rodes, citado diversas vezes em *De Officis*. O texto grego, contudo, foi perdido e, dessa forma, o escrito de Cícero permanece como o primeiro uso documentado da expressão "dignidade do homem". Hubert Cancik, *"Dignity of Man" and "Persona" in stoic anthropology*: some remarks *on Cicero*, De Officis I 105-107, 2002, p. 22.

[18] Hershey H. Friedman (*Human dignity and the jewish tradition.* 2008. Disponível em: <http://www.jlaw.com/Articles/HumanDingnity.pdf>).

[19] *Gênesis*, cap. 1, vers. 26-27.

[20] *Levítico*, cap. 19, vers. 18.

[21] *Efésios*, cap., 4, vers. 24 e *Mateus*, cap. 22, vers. 39.

[22] No que se refere ao individualismo, o cristianismo surgiu como uma religião de indivíduos cujo relacionamento com Deus era independente de pertencimento a qualquer comunidade, nação ou Estado. A igualdade essencial dos indivíduos diante de Deus é afirmada na conhecida passagem de São Paulo: "Não há judeu ou gentio, nem escravos ou libertos, nem homens ou mulheres, pois todos vocês são um só em Jesus Cristo" (*Galátas*, cap. 3, vers. 28). O papel central da solidariedade e da misericórdia no cristianismo é sintetizado em *Mateus* (cap. 22,

assim como a Igreja Católica e os reis e filósofos católicos, desempenhou na história da cultura europeia, particularmente após o século IV. Não deve ser ignorado, contudo, que a Igreja em si, como uma instituição humana, tem estado em desacordo com a dignidade humana em diversas ocasiões, incluindo sua participação na divisão da sociedade em propriedades, no apoio à escravidão e na perseguição de "hereges",[23] como até os fiéis mais devotos reconhecem.[24] Após o Renascimento, a lenta mas constante secularização da sociedade progressivamente reduziu a influência temporal da religião.[25]

Em relação às origens filosóficas da dignidade humana, o grande orador e estadista romano Marco Túlio Cícero foi o primeiro autor a empregar a expressão "dignidade do homem", no sentido que vem sendo explorado pelo presente trabalho.[26] O conceito surgiu, portanto, com contornos puramente filosóficos, derivados da tradição política romana, sem qualquer conotação ou conexão religiosa. Desde essa primeira utilização, ele tem sido associado com a razão e com a capacidade de tomar livremente decisões morais.[27] Ao longo da Idade Média, a dignidade humana esteve entrelaçada com a religião; na civilização ocidental, as tradições éticas e religiosas tradicionalmente têm se sobreposto.[28] Foi apenas em 1486, com Giovanni Picco, Conde de Mirandola,

---

vers. 37-40): "'Ame o Senhor seu Deus com todo o seu coração, com toda a sua alma e com toda a sua mente.' Esse é o primeiro e o maior dos deveres. E o segundo é esse: 'Ame seu próximo como a si mesmo.' Todas as Leis e todos os Profetas se equilibram sobre esses dois mandamentos". V. Christian Starck (The religious and philosophical background of human dignity and its place in modern Constitutions. *In*: KRETZMER, David; KLEIN, Eckart (Ed.). *The concept of human dignity in human rights discourse*, 2002. p. 181); Ana Paula de Barcellos (*A eficácia jurídica dos princípios*: o princípio da dignidade da pessoa humana. 2008. p. 122-128); e Maria Celina Bodin de Moraes (O conceito de dignidade humana: substrato axiológico e conteúdo normativo. *In*: SARLET, Ingo Wolfgang (Ed.). *Constituição, direitos fundamentais e direito privado*. 2003. p. 111-112).

[23] Christian Starck (The religious and philosophical background of human dignity and its place in modern Constitutions. *In*: KRETZMER, David; KLEIN, Eckart (Ed.). *The concept of human dignity in human rights discourse*. 2002. p. 181).

[24] John B. Cobb Jr. (*Human dignity and the Christian tradition*. Disponível em: <http://www.religion-online.org/showarticle.asp?title=100>).

[25] Para uma dura crítica do cristianismo e do papel da religião nas grandes questões morais da contemporaneidade, v. A. C. Grayling (*Meditations for the humanist*: ethics for a secular age, 2002).

[26] V. nota 17.

[27] Hubert Cancik ("Dignity of Man" and "Persona" in stoic anthropology: some remarks on Cicero, *De Officis* I 105-107. *In*: David Kretzmer and Eckart Klein (Ed.). *The concept of human dignity in human rights discourse*. 2002. p. 27).

[28] V. Frederick Copleston. *A history of philosophy*. 1960. p. 394 ("Na Idade Média a filosofia foi fortemente influenciada pela teologia, 'a rainha das ciências'"); e Max Weber (*On law in economy and society*. SHILS, Edward; RHEINSTEIN, Max (Trans.). Harvard University Press, 1969. p. 226) ("Também é possível, contudo, que a prescrição religiosa nunca tenha se diferenciado das normas seculares e que a combinação caracteristicamente teocrática entre religião e prescrição ritualística, com normas legais, permaneça intocada"). V. também, Henrique Cláudio de Lima Vaz, *Ética e direito*, 2002, p. 37.

que a *ratio philosophica* começou a se afastar de sua subordinação à *ratio theologica*. Seu famoso discurso *Oratio de Hominis Dignity* ("Oração Sobre a Dignidade do Homem") é considerado o manifesto fundador do humanismo renascentista. Nesse texto, Pico della Mirandola justifica a importância da busca humana pelo conhecimento, trazendo o homem e a razão para o centro do mundo, no limiar da Idade Moderna.[29] Não chega a ser uma surpresa, portanto, que suas teses tenham sido consideradas heréticas pelo Papa Inocêncio VIII e consequentemente proibidas pela Inquisição.[30] Diversos outros pensadores forneceram importantes contribuições para o delineamento da ideia moderna de dignidade humana, incluindo o teólogo espanhol Francisco de Vitoria, conhecido pela defesa firme dos direitos dos indígenas contra a ação dos colonizadores no Novo Mundo;[31] e o filósofo alemão Samuel Pufendorf, um precursor do Iluminismo e um pioneiro na concepção secular de dignidade humana, a qual ele fundou sobre a liberdade moral.[32]

---

29 V. Pico della Mirandola (*Oratio de Hominis Dignitate*. Disponível em: <http://www.wsu.edu:8080/~wldciv/world_civ_reader/world_civ_reader_1/pico.html>). Embora o texto esteja repleto de referências a Deus, o "Supremo Arquiteto do Universo", ele enfatiza o papel decisivo do conhecimento e da autodeterminação: "[Deus disse ao homem] 'Nós o colocamos no centro do mundo para que você possa analisar tudo o mais que nele existe. Nós não o fizemos nem de material celestial nem terrestre, de modo que, com livre arbítrio e dignidade, você possa moldar a si mesmo da forma que escolher. A você é concedido o poder de degradar a si mesmo até as mais baixas formas de vida, como as feras, a você é concedido o poder, contido no seu intelecto e julgamento, de renascer na mais elevada das formas, a divina'. (...) Imagine! A grande generosidade de Deus! A felicidade do homem! Ao homem é permitido ser qualquer coisa que ele escolher! (...) Acima de tudo, nós não deveríamos fazer dessa liberdade de escolha que Deus nos deu algo nocivo, pois ela se destinava a ser algo que nos beneficiasse. Deixe uma santa ambição entrar em nossas almas; não nos deixe contentar-nos com a mediocridade, mas sim lutar por uma maior elevação e dispender todas as nossas forças para alcançá-la".

30 Suas teses foram declaradas "em parte heréticas, em parte a flor da heresia, várias são escandalosas e ofensivas aos ouvidos piedosos; nada fazem, senão reproduzir os erros dos filósofos pagãos... outras são capazes de inflamar a impertinência dos judeus; algumas delas, finalmente, sob o pretexto de 'filosofia natural', beneficiam artes que são inimigas da fé católica e da raça humana". V. Giovanni Pico della Mirandola (*De la dignité de l'homme*: biographie. Disponível em: <http://www.lyber-eclat.net/lyber/mirandola/picbio.html>. A tradução do francês para o inglês foi obtida em: <http://en.wikipedia.org/wiki/Giovanni_Pico_della_Mirandola>).

31 Francisco de Vitoria (1492-1546) foi um teólogo e filósofo neoescolástico, fundador da Universidade de Salamanca, e contemporâneo do início da colonização do Novo Mundo pela Espanha. Indagado a respeito da conquista dos astecas e dos incas e do abuso de poder por parte dos *conquistadors* e funcionários reais, o teólogo de Salamanca afirmou que "a Espanha não tem o direito intrínseco, segundo o Direito Natural, de conquistar reinos indígenas ou desapossar seus habitantes de sua propriedade: ela tem apenas o direito de pregar o cristianismo para os povos do Novo Mundo". V. Edwin Williamson (*The Penguin History of Latin America*. 2009. p. 64-65).

32 Samuel von Pufendorf (1632-1694) publicou diversos trabalhos importantes, sendo que o mais famoso é *De officio hominis et civis juxta legem naturalem libri duo*, cuja versão em inglês *On the duty of man and citizen according to the natural law* (1673), pode ser encontrada em: <http://

Embora não se devam ignorar as contribuições dos teóricos contratualistas como Hobbes, Locke e Rousseau — com suas importantes ideias de direito natural, liberdade e democracia, respectivamente —, foi apenas com o Iluminismo que o conceito de dignidade humana começou a ganhar impulso. Somente então a busca pela razão, pelo conhecimento e pela liberdade foi capaz de romper a muralha do autoritarismo, da superstição e da ignorância, que a manipulação da fé e da religião havia construído em torno das sociedades medievais.[33] Como Peter Gay afirmou em seu livro clássico, o Iluminismo foi um programa de "secularismo, humanismo, cosmopolitismo e liberdade", um *paganismo moderno*, visando à emancipação dos dogmas cristãos — com seu "círculo sagrado", que compreendia textos bíblicos, hierarquia clerical e aristocracia hereditária — e do pensamento clássico.[34] Com isso, veio a centralidade do homem, ao lado do individualismo, do liberalismo, do desenvolvimento da ciência, da tolerância religiosa e do advento da cultura dos direitos individuais, ideias que fomentaram as revoluções liberais nos Estados Unidos e na França. Em sua fase avançada, o Iluminismo produziu seu representante mais proeminente, Immanuel Kant, o celebrado e reverenciado autor de um complexo e sofisticado sistema de pensamento. Kant definiu o Iluminismo como a saída do ser humano da sua autoimposta imaturidade.[35] Algumas de suas ideias serão objeto de discussão mais aprofundada no presente estudo.

Ao lado dos marcos religiosos e filosóficos já identificados, existe um marco *histórico* significativo, que foi decisivo para o delineamento da noção atual de dignidade humana: os horrores do nacional-socialismo e do fascismo, e a reação que eles provocaram após o fim da Segunda Guerra Mundial. Na reconstrução de um mundo moralmente devastado pelo totalitarismo e pelo genocídio, a dignidade humana foi incorporada ao

---

www.lonang.com/exlibris/pufendorf/index.html>. O livro contém um capítulo chamado "Sobre o Reconhecimento da Igualdade Natural dos Homens". Em uma outra obra, *De Iure Naturae et Gentim* (1672), no item 2.1.5, Pufendorf utilizou expressamente o termo *dignidade*: "A maior dignidade para o homem deriva disso, que ele tem uma alma imortal que se distingue pela luz da inteligência, da capacidade de decidir e escolher (...) Devido a sua alma, o homem é tido como um animal mais santo que os demais, capaz de reflexão profunda e apto a governar sobre os outros animais". Uma versão original desse texto pode ser encontrada em: <http://www.archive.org/stream/samuelispufendor1672pufe#page/n19/mode/2up>.

[33] Sobre o Iluminismo, v. Peter Gay (*The enlightenment*: an interpretation, 1977); Paul Hazard (*European thought in the eighteenth century*); e Ernst Cassirer (*The philosophy of the enlightenment*. Trad. Fritz C.A. Koelln, James P. Pettegrove, 1960).

[34] Peter Gay. *The enlightenment*: an interpretation. 1977. p. xi, 3, 358.

[35] Immanuel Kant (An answer to the question: what is enlightenment?. *In*: SCHMIDT, James (Ed.). *What is enlightenment*?. 1996. p. 58, 62, 63).

discurso *político* dos vitoriosos como uma das bases para uma longamente aguardada era de paz, democracia e proteção dos direitos humanos.[36] A dignidade humana foi então importada para o discurso *jurídico* devido a dois fatores principais. O primeiro deles foi a inclusão em diferentes tratados e documentos internacionais, bem como em diversas constituições nacionais, de referências textuais à dignidade humana. O segundo fator corresponde a um fenômeno mais sutil, que se tornou mais visível com o passar do tempo: a ascensão de uma cultura jurídica pós-positivista, que reaproximou o direito da moral e da filosofia política, atenuando a separação radical imposta pelo positivismo pré-Segunda Guerra.[37] Nessa teoria jurídica renovada, na qual a interpretação das normas legais é fortemente influenciada por fatos sociais e valores éticos, a dignidade humana desempenha um papel proeminente. Conclui-se aqui, então, o breve esboço da trajetória religiosa, filosófica, política e jurídica da dignidade humana em direção ao seu sentido contemporâneo.

II. DIREITO COMPARADO, DIREITO INTERNACIONAL E DISCURSO TRANSNACIONAL

1 A dignidade humana nas constituições e na jurisprudência de diferentes países

Apesar de sua relativa proeminência na história das ideias, foi apenas ao final da segunda década do século XX que a dignidade humana começou a aparecer nos documentos jurídicos, começando com a Constituição do México (1917) e com a Constituição alemã da

[36] Para uma visão idiossincrática e contrária ao conhecimento convencional, pela associação da noção de dignidade humana com a história do fascismo e do nazismo, v. James Q. Whitman (The two western cultures of privacy: dignity versus liberty. *Yale Law Journal*, n. 113, p. 1166, 1187, 2004). O principal problema da análise de Whitman é que no seu texto ele não faz a distinção adequada entre os significados antigo e contemporâneo da dignidade humana, equiparando esse conceito com honra pessoal.

[37] Na Europa, e particularmente na Alemanha, a reação contra o positivismo começou com a obra de Gustav Radbruch, *Fünf Minuten Rechtsphilosophie* (Cinco Minutos de Filosofia do Direito) de 1945, que influenciou muito o delineamento da *jurisprudência dos valores* que, por sua vez, gozou de bastante prestígio no período pós-Segunda Guerra. Na tradição anglo-americana, a obra *A Theory of Justice*, de John Rawls, publicada em 1971, tem sido considerada um marco no processo de aproximação de elementos da ética e da filosofia política com a Teoria do Direito. O ataque geral de Ronald Dworkin contra o positivismo por meio do seu artigo "The model of rules". (*University of Chicago Law Review*, n. 35, p. 14, 17) é outro poderoso exemplo dessa tendência. Na América Latina, o livro *Ética y derechos humanos*, de Carlos Santiago Nino, publicado em 1984 (a versão em inglês, intitulada *The ethics and human rights*, é de 1991), é igualmente representativo da cultura pós-positivista.

República de Weimar (1919).[38] Antes de alcançar seu apogeu como símbolo humanista, a dignidade esteve presente em escritos de natureza menos democrática, tais como o esboço de constituição do Marechal Petain (1940), na França, elaborado durante o período de colaboração com os nazistas,[39] e a Lei Constitucional decretada por Francisco Franco (1945), durante a longa ditadura espanhola.[40] Depois da Segunda Guerra Mundial, a dignidade foi incorporada a importantes documentos internacionais, como a Carta das Nações Unidas (1945), a Declaração Universal dos Direitos Humanos (1948) e outros numerosos tratados e pactos que exercem um papel central nos debates atuais sobre direitos humanos. Mais recentemente a dignidade recebeu atenção especial na Carta Europeia de Direitos Fundamentais (2000) e no esboço da Constituição Europeia (2004).

Em relação ao Direito Constitucional doméstico, especialmente após a Segunda Guerra Mundial, numerosas constituições vieram a apresentar uma linguagem que exige a proteção da dignidade, sendo esse o caso de países como Alemanha, Itália, Japão, Portugal, Espanha, África do Sul, Brasil, Israel, Hungria e Suécia, entre muitos outros. Em alguns países, referências à dignidade humana são feitas em preâmbulos de constituições, como ocorre com Irlanda, Índia e Canadá. No Canadá, por exemplo, apesar da inclusão da dignidade no preâmbulo e não no texto principal da Constituição, a Suprema Corte tem empregado o conceito de dignidade em diversas decisões.[41] Em outros países, como Estados Unidos e França, não há referência textual à dignidade na constituição, o que não impede a Suprema Corte e o Conselho Constitucional de invocarem a sua força normativa e argumentativa nas decisões que

[38] Christopher McCrudden (Human dignity and judicial interpretation of human rights. *European Journal of International Law*, n. 19, p. 664, 2008). De acordo com uma pesquisa realizada pelo *Constitutional Design Group*, outras constituições menos conhecidas do período anterior à Segunda Guerra Mundial possuíam referências à dignidade humana, seja em seus preâmbulos ou em seus textos, incluindo aquelas da Estônia (1937), Irlanda (1937), Nicarágua (1939) e Equador (1929). V. Constitutional Design Group (*Human dignity*. 2011. Disponível em: <http://www.constitutionmaking.org/files/human_dignity.pdf>).

[39] Lei Constitucional de 10 de julho de 1940. (*Les Constitutions de France depuis 1789*, 1995). V. também Véronique Gimeno-Cabrera (*Le traitment jurisprudentiel du principe de dignité de la personne humaine dans la jurisprudence du Conseil Constitutionnel Français et du Tribunal Constitutionnel Espagnol*, 2004. p. 34).

[40] Trata-se do *Fuero de los Españoles*, uma das leis fundamentais aprovadas durante o regime franquista. V. <http://www.cervantesvirtual.com/obra-visor/fuero-de-los-espanoles-de-1945--0/pdf/>. Em relação a esse e a outros aspectos da experiência constitucional espanhola v. Francisco Fernandez Segado (*El sistema constitucional español*, 1992, p. 39 *et seq*). No Brasil, o Ato Institucional n. 5, emitido em 13 de Dezembro de 1968 pelo Presidente Costa e Silva, que levou ao estabelecimento da ditadura e ao crescimento da violência governamental contra os oponentes políticos do regime, fez referência expressa à dignidade humana.

[41] V. *site* oficial da Suprema Corte do Canadá em: <http://www.scc-csc.gc.ca/>.

proferem.[42] É geralmente reconhecido que a ascensão da dignidade como um conceito jurídico tem suas origens mais diretas no Direito Constitucional alemão. De fato, a Lei Fundamental de 1949 dispõe no Artigo I (1): "A dignidade humana deve ser inviolável. Respeitá-la e protegê-la será dever de toda a autoridade estatal".[43] Essa disposição é seguida pelo Artigo II (1), que anuncia a ideia correlata que tem se tornado central na jurisprudência alemã (embora esse ponto não esteja totalmente claro fora da Alemanha): "Toda pessoa deverá ter direito ao livre desenvolvimento da sua personalidade, na medida em que não viole os direitos de terceiros, nem ofenda a ordem constitucional ou a moralidade". Baseados nessas disposições, o Tribunal Constitucional Federal Alemão e os juristas alemães desenvolveram uma jurisprudência e um arcabouço teórico que influenciam decisões judiciais e escritos doutrinários por todo o mundo.[44]

De acordo com o Tribunal, a dignidade humana se situa no ápice do sistema constitucional, representando um valor supremo, um bem absoluto, à luz do qual cada um dos outros dispositivos deve ser interpretado.[45] Considerada como o fundamento de todos os direitos mais básicos,[46] a cláusula da dignidade possui dimensão subjetiva e objetiva, investindo os indivíduos em certos direitos e impondo determinadas prestações positivas para o Estado.[47] Em várias ocasiões o

---

[42] V., Maxima D. Goodman (Human dignity in Supreme Court constitutional jurisprudence, *Nebraska Law Review*, n. 84, 2005-2006). V. também Dominique Rousseau (*Les libertés individuelles et la dignité de la personne humaine*, 1998. p. 62-70).

[43] Faz-se uso aqui da tradução para o inglês da *Lei Fundamental da República Federal da Alemanha*, realizada pelos professores Christian Tomuschat e David P. Currie, e revisada pelos professores Christian Tomuschat e Donald P. Kommers em cooperação com o Serviço de Linguagem do Parlamento Alemão. V. <https://www.btg-bestellservice.de/pdf/80201000.pdf>. Nesse documento, a palavra alemã "unantastbar" é traduzida como "inviolável". Todavia, quando se refere aos direitos fundamentais, a Lei Fundamental emprega a palavra "unverletzlich", que também pode ser traduzida como inviolável. Poderia-se sugerir, dessa forma, que uma tradução mais apurada de "unantastbar" seria "intocável", na medida em que a proteção conferida à dignidade humana em si, seria mais forte do que aquela relacionada com os direitos fundamentais. Sou grato a Eduardo Mendonça por esses comentários, bem como pela assistência geral com termos alemães.

[44] V. Dieter Grimm. Die Würde des Menschen ist unantastbar (A Dignidade Humana é Inviolável). *In*: *24* Kleine Reihe, 2010.

[45] Bundesverfassungsgerich [BVerfG], [Tribunal Constitucional Federal] 1969, 27 Entscheidungen des Bundesverfassungsgerich [BVerfGE] 1 (Caso Microsensus); e 30 *BVerfGE* 173 (1971) (Caso Mefisto). Esse caráter "absoluto" da dignidade humana tem sido objeto de crescente disputa, mas essa ainda é a visão dominante no Tribunal. V. Dieter Grimm, *Die Würde des Menschen ist unantastbar*, 2010, p. 5.

[46] 30 *BVerfGE* 173 (1971) (Caso Mefisto).

[47] Donald P. Kommers (*The Constitutional Jurisprudence of the Federal Republic of Germany*, 1997. p. 312).

Tribunal enfatizou que o conceito de homem, na Lei Fundamental, envolve um equilíbrio entre o indivíduo e a comunidade.[48] Baseado nesse entendimento da dignidade humana, o Tribunal Constitucional Federal Alemão tem proferido um conjunto amplo e variado de decisões que incluem: a definição do alcance do direito à privacidade tanto no que se refere à proteção contra o Estado[49] quanto contra a interferência privada,[50] proibição da negação do Holocausto,[51] o entendimento de que a pena de prisão perpétua não pode desconsiderar a capacidade individual para reabilitação e reinserção social,[52] a garantia do direito de um litigante que tinha realizado uma cirurgia de mudança de sexo a ter seu novo gênero refletido na sua certidão de nascimento, proibição do abate de aeronaves sequestradas por terroristas que poderiam pretender utilizá-las como armas em crimes contra vidas humanas,[53] e

---

[48] 4 *BVerfGE* 7, 15-16 (1954). V. a tradução para o inglês em Donald P. Kommers (*The Constitutional Jurisprudence of the Federal Republic of Germany*, 1997, p. 305): "A imagem do homem na Lei Fundamental não é a de um indivíduo isolado, soberano; pelo contrário, a Lei Fundamental decidiu em favor de um relacionamento entre indivíduo e comunidade, no sentido de haver um compromisso e dependência da pessoa com a comunidade, sem que isso implique na violação do seu valor individual".

[49] 27 *BVerfGE* 1 (1969) (Caso Microsensus): "Seria incompatível com o princípio da dignidade humana exigir que uma pessoa gravasse e registrasse todos os aspectos de sua personalidade, ainda que tal esforço fosse realizado de maneira anônima, na forma de uma pesquisa estatística". Todavia, nesse caso específico, o Tribunal decidiu que "a coleta de dados censitários sobre férias e viagens de lazer não viola o Artigo I (I) da Lei Fundamental. O questionário sob exame avança sobre a esfera da privacidade, mas não obriga o indivíduo a revelar detalhes íntimos de sua vida pessoal". V. Donald P. Kommers (*The Constitutional Jurisprudence of the Federal Republic of Germany*. 1997. p. 299-300). V. também 27 *BVerfGE* 344 (1970) (Divorce Records Case) sustentando que "os conteúdos de tais registros (divórcio) podem ser acessíveis a terceiros apenas com o consentimento de ambos os parceiros. (...) Sem o seu consentimento, tal invasão somente pode ser justificada caso não viole o princípio da proporcionalidade". V. Donald P. Kommers (*The constitutional jurisprudence of the Federal Republic of Germany*. 1997. p. 328).

[50] 30 *BVerfGE* 173 (1971) (Mephisto Case). Neste caso, o TCFA confirmou uma decisão da Alta Corte de Justiça proibindo a reedição de um romance com a justificativa de que ele "desonrava o bom nome e a memória do ator já falecido". No livro, o personagem fictício foi supostamente inspirado por um ator real, satirizado por alcançar sucesso e dinheiro através do cortejo de líderes nazistas durante o Terceiro Reich. V. Donald P. Kommers (*The constitutional jurisprudence of the Federal Republic of Germany*. 1997. p. 301).

[51] 90 *BVerfGe* 241 (1994). V. Winfried Brugger. Ban on or protection of hate speech?. Some observations based on german and american law, *Tulane European & Civil Law Forum*, n. 17, 2002, p. 1.

[52] 45 *BVerfGE* 187 (Caso da Prisão Perpétua). O TCFA confirmou a decisão de uma instância inferior declarando que "a prisão perpétua, ao não oferecer possibilidade de reinserção social, iria reduzir o criminoso ao estado de um mero objeto". V. Donald P. Kommers (*The constitutional jurisprudence of the Federal Republic of Germany*. 1997. p. 306).

[53] *BVerfG*, 1 BvR 357/05. Em uma decisão de 2006, o Tribunal declarou a inconstitucionalidade de um dispositivo legal que dava ao Ministro da Defesa o poder de abater aviões em circunstâncias nas quais seria possível presumir que eles seriam utilizados para destruir vidas

a declaração de que é inconstitucional para o Estado descriminalizar o aborto ("caso Aborto I"),[54] decisão que foi revista após a reunificação da Alemanha para permitir maior flexibilidade na regulação da matéria ("caso Aborto II").[55] Esses são, é claro, apenas alguns exemplos representativos. Como se trata de um conceito atraente de textura aberta há sempre o risco de abuso ou banalização. Uma boa parte dos aproximadamente 5.000 recursos constitucionais interpostos todos os anos perante o Tribunal Constitucional invoca a dignidade humana para questionar decisões envolvendo discussões mais mundanas, como o uso obrigatório de cintos de segurança, o custo do aquecimento residencial e as regras de serviço social.[56]

Na França, a dignidade humana não aparece no texto da Constituição de 1958. Foi apenas em 1994 que o Conselho Constitucional, combinando diferentes passagens do Preâmbulo da Constituição de 1946, proclamou que a dignidade era um princípio com *status* constitucional.[57] Os autores franceses, com maior ou menor entusiasmo, têm

humanas. Para um resumo em inglês dessa decisão, ver: <http://www.bundesverfassungsgericht.de/en/press/bvg06-011en.html>.

[54] 39 *BVerfGE* 1 (1975). Nessa decisão o Tribunal considerou que o direito à vida e o dever do Estado de proteger esse direito exigiam a criminalização do aborto. Como consequência, o tribunal declarou inconstitucional lei que descriminalizava o aborto durante o primeiro trimestre da gestação.

[55] 88 *BVerfGE* 203 (1993). *BVerfGE* 203 (1993). Nessa decisão, o Tribunal reiterou o dever do Estado de proteger os fetos, mas admitiu que algumas restrições sobre o aborto poderiam violar a dignidade da mulher. Ele estabeleceu, portanto, que em casos excepcionais era permitido que não se impusesse o dever legal de manter a gestação até o fim. O tribunal determinou que, além das hipóteses médicas, criminais e embriopáticas, outro cenário capaz de justificar o aborto "incluiria uma condição de sofrimento social ou psicológico tal, que demonstrasse um caso claro de ônus irrazoável". Depois da decisão, o governo aprovou uma nova lei que declarava que o aborto durante o primeiro trimestre de gravidez poderia não ser passível de punição, desde que a mulher passasse por um aconselhamento compulsório de viés pró-vida. Trechos extraídos de Donald P. Kommers (*The constitutional jurisprudence of the Federal Republic of Germany*, 1997. p. 353).

[56] V. Dieter Grimm (*Die Würde des Menschen ist unantastbar*. 2010. p. 7).

[57] CC Decisão nº 94-343/344 DC, 27 de julho de 1994. O Conselho Constitucional empregou a seguinte linguagem: "o preâmbulo da Constituição de 1946 proclamou e reafirmou direitos, liberdades e princípios constitucionais, declarando no seu parágrafo de abertura: 'Imediatamente após a vitória alcançada pelos povos livres sobre os regimes que escravizavam e degradavam a humanidade, o povo francês proclama novamente que cada ser humano, sem distinção de raça, religião ou credo, possui um sagrado e inalienável direito'; disso se segue que a proteção da dignidade humana contra todas as formas de escravização ou degradação é um princípio com *status* constitucional. V. <http://www.conseil-constitutionnel.fr/conseil-constitutionnel/root/bank_mm/anglais/en94_343dc.pdf>. Uma decisão paradigmática de 16 de julho de 1971 incorporou na Constituição de 1958 o texto do Preâmbulo da Constituição de 1946, assim como a Declaração Universal dos Direitos do Homem e do Cidadão de 1789. V. <http://www.conseil-constitutionnel.fr/conseil-constitutionnel/francais/les-decisions/acces-par-date/decisions-depuis-1959/1971/71-44-dc/decision-n-71-44-dc-du-16-juillet-1971.7217.html>.

se referido à dignidade humana como um elemento necessariamente subjacente a todo o direito positivo francês,[58] como um conceito, ao mesmo tempo, fundante, fundamental e normativo,[59] e como a pedra filosofal de todos os direitos fundamentais.[60] Sua primeira aparição foi em uma decisão que reconheceu a constitucionalidade de duas leis aprovadas pelo parlamento, que regiam a doação de órgãos humanos e a fertilização *in vitro*.[61] Desde então, o princípio da dignidade humana foi invocado em diferentes contextos, da declaração de que a moradia decente para todas as pessoas é um valor constitucional[62] até a validação de leis permitindo o aborto durante as primeiras doze semanas de gravidez.[63] Mais recentemente, o Conselho Constitucional reconheceu a constitucionalidade de duas leis controversas votadas pelo Parlamento: uma delas torna ilegal o uso, em público, de véu que cubra integralmente o rosto, o que inclui a burca islâmica;[64] a outra proíbe o casamento entre pessoas do mesmo sexo.[65] Embora a dignidade humana não tenha sido explicitamente mencionada em nenhuma dessas decisões, ela estava claramente em questão, na medida em que ambas as matérias diziam respeito à liberdade religiosa, igualdade e escolhas existenciais.

Outras cortes superiores francesas têm examinado casos de grande complexidade moral envolvendo o sentido e a abrangência da dignidade humana. O Conselho de Estado (*Conseil d'État*), por sua vez, considerou que a atividade de entretenimento praticada em certas casas noturnas, conhecida como *arremesso de anão*, deveria ser proibida, decisão esta que levantou muita discussão por todo o mundo e que será discutida no

---

[58] Jacques Robert. The principle of human dignity. *The principle of respect for human dignity*: Seminar Proceedings. Council of Europe. 1999. p. 43.

[59] Charlotte Girard e Stéphanie Hennette-Vauchez (*La dignité de la personne humaine*: recherche sur un processus de juridicisation. 2005. p. 17).

[60] Dominique Rousseau (*Les libertés individuelles et la dignité de la personne humaine*. 1998. p. 69).

[61] CC Decisão nº 94-343/344 DC, 27 de julho de 1994, que declarou a constitucionalidade da Lei de Respeito pelo Corpo Humano e a da Lei de Doação e Uso de Partes e Produtos do Corpo Humano, Reprodução Medicamente Assistida e Diagnóstico Pré-Natal.

[62] CC Decisão nº 94-359 DC, 19 de janeiro de 1995. Disponível em: <http://www.conseil-constitutionnel.fr/conseil-constitutionnel/francais/les-decisions/acces-par-date/decisions-depuis-1959/1995/94-359-dc/decision-n-94-359-dc-du-19-janvier-1995.10618.html>.

[63] Decisão nº 74-54 DC, 15 de janeiro de 1975, sobre a constitucionalidade da Lei de Interrupção Voluntária da Gravidez. V. Disponível em: <http://www.conseil-constitutionnel.fr/conseil-constitutionnel/root/bank_mm/anglais/a7454dc.pdf>; e Decisão nº 2001-446 DC, de 27 de junho de 2001, sobre a constitucionalidade de uma nova lei sobre a mesma matéria aprovada em 30 maio de 2001. Disponível em: <http://www.conseil-constitutionnel.fr/conseil-constitutionnel/root/bank_mm/anglais/a2001446dc.pdf>.

[64] CC Decisão nº 2010-613 DC, 7 de outubro de 2010.

[65] V. <http://www.lesoir.be/actualite/france/2011-01-28/le-conseil-constitutionnel-dit-non-au-mariage-homosexuel-818228.php>.

capítulo 3 dessa obra. Em 2000, no *caso Perruche*, a Corte de Cassação (*Cour de Cassation*) proferiu uma decisão extremamente polêmica, reconhecendo o "direito de não nascer" e assegurando a uma criança, representada pelos pais, uma indenização pelo fato de ter nascido parcialmente cega, surda e com transtorno mental severo. Um erro do laboratório fez com que este falhasse em detectar que a mãe tinha contraído rubéola, como ela havia suspeitado. A mãe tinha manifestado o desejo de interromper sua gravidez no caso de qualquer problema ser detectado.[66] Em outro caso que ganhou notoriedade, o Tribunal de Grande Instância de Créteil reconheceu à Corinne Parpalaix o direito de realizar uma inseminação artificial com o esperma de seu falecido marido, que o havia depositado em um banco de sêmen antes de se submeter a uma cirurgia de alto risco.[67]

Na jurisprudência da Suprema Corte do Canadá, a dignidade humana é um conceito bastante recorrente, citado em dezenas de casos.[68] Ela tem sido reconhecida como um valor fundamental, subjacente tanto ao *common law* quanto à Carta de Direitos e Liberdades de 1982,[69] mas não como um direito constitucional autônomo.[70] A Corte também tem destacado que a dignidade humana possui uma dimensão comunitária, sendo acompanhada por uma série de responsabilidades.[71] Em muitas decisões os *Justices* investiram esforços consideráveis na tentativa de definir os contornos jurídicos da dignidade humana e frequentemente têm utilizado esse conceito como uma ferramenta argumentativa na interpretação e aplicação de direitos particulares consagrados na

---

[66] Decisão de 17 de novembro de 2000. *Full Court*. Disponível em: <http://www.courdecassation.fr/publications_cour_26/bulletin_information_cour_cassation_27/bulletins_information_2000_1245/no_526_1362/>. Para um comentário sobre essa decisão, v. Olivier Cayla e Yan Thomas (*Du droit de ne pas naître*: a propos de l'affaire Perruche, 2002. Para um comentário em inglês v. Julie Ewing (*Case note*: the Perruche case. *Journal of Law and Family Studies.*, n. 4, p. 317, 2002).

[67] *Affaire Parpalaix, Tribunal de Grande Instance de Créteil*, 1º de agosto de 1984. Para um comentário sobre essa decisão, v. Gail A. Katz, Parpalaix c. CECOS: Protecting intent in reproductive technology. *Harvard Journal of Law and Technology*, n. 11, p. 683, 1998.

[68] V. Dierk Ullrich (Concurring visions: human dignity in the canadian charter of rights and freedoms and the basic law of the Federal Republic of Germany. *Global Jurist Frontiers*, n. 3, 2003. p. 1); e R. James Fyfe (Dignity as theory: competing conceptions of human dignity at the Supreme Court, *Sask. L. Rev.*, n. 70, p. 1, 2007).

[69] *R.* v. *S.* (*R.J.*), [1995] 1 SCR 451-605. Disponível em: <http://scc.lexum.org/en/1995/1995scr1-451/1995scr1-451.html>.

[70] *Blencoe* v. *British Columbia* (*Human Rights Commission*), [2000] 2 SCR 307, at 358-59. Disponível em: <http://csc.lexum.org/en/2000/2000scc44/2000scc44.html>.

[71] *R.* v. *Salituro*, [1991] 3 SCR 654-676. Disponível em: <http://scc.lexum.org/en/1991/1991scr3-654/1991scr3-654.html>. ("A dignidade da pessoa não surge apenas do exercício de direitos como a liberdade de escolha, mas também, e com o mesmo grau de importância, da assunção das responsabilidades que naturalmente decorrem da participação na vida da comunidade". Disponível em: <http://scc.lexum.org/en/1991/1991scr3-654/1991scr3-654.html>).

Carta. Por exemplo, a dignidade humana esteve no centro de discussões moralmente carregadas envolvendo a derrubada de dispositivos do Código Penal que proibiam o aborto,[72] a negação do direito ao suicídio assistido para pessoas em estado terminal[73] e a determinação de transfusão de sangue para uma criança mesmo contra a vontade dos seus pais, que alegaram objeções religiosas para se oporem a esse procedimento.[74] Direta ou indiretamente, a dignidade humana também esteve marcadamente presente em decisões envolvendo os direitos à privacidade e contra a autoincriminação,[75] a recusa em conceder a proteção da liberdade de expressão para comentários antissemitas de um professor de escola pública[76] e a criminalização da posse de material ligado a pornografia infantil.[77] Embora não mencionada expressamente, a dignidade humana também foi o conceito que esteve na base da decisão que reconheceu a validade do casamento homoafetivo.[78] Em meio ao complexo debate a respeito da descriminalização de drogas "leves", a Suprema Corte do Canadá rejeitou o argumento de que o uso de maconha consistia em uma escolha legítima de um modo de vida particular.[79] Ela também considerou que a proibição das comunicações públicas com propósito de prostituição era uma decisão válida e compatível com a Carta.[80]

Em Israel, a dignidade humana se tornou um conceito constitucional expresso em 1992.[81] Ao longo dos anos, a dignidade tem sido percebida como um valor supremo — embora não absoluto —, assim

---

[72] *R.* v. *Morgentaler*, [1988] 1 SCR 30. Disponível em: <http://scc.lexum.org/en/1988/1988scr1-30/1988scr1-30.html>.

[73] *Rodriguez* v. *British Columbia (Attorney General)*, [1993] 3 SCR 519.

[74] *B. (R.)* v. *Children's Aid Society of Metropolitan Toronto*, [1995] 1 SCR 315. Disponível em: <http://scc.lexum.org/en/1995/1995scr1-315/1995scr1-315.html>.

[75] *R.* v. *Stillman*, [1997] 1 SCR 607. Disponível em: <http://scc.lexum.org/en/1997/1997scr1-607/1997scr1-607.html>.

[76] *Ross* v. *New Brunswick School District No. 15*, [1996] 1 SCR 825. Disponível em: <http://scc.lexum.org/en/1996/1996scr1-825/1996scr1-825.html>.

[77] *R.* v. *Sharpe*, [2001] 1 SCR 45, 2001 SCC 2. Disponível em: <http://scc.lexum.org/en/2001/2001scc2/2001scc2.html>.

[78] *Reference re Same-Sex Marriage*, 2004 SCC 79, [2004] 3 SCR 698. Disponível em: <http://www.canlii.org/en/ca/scc/doc/2004/2004scc79/2004scc79.html>.

[79] *R.* v. *Malmo-Levine*; *R.* v. *Caine*, 2003 SCC 74, [2003] 3 SCR 571. Disponível em: <http://scc.lexum.org/en/2003/2003scc74/2003scc74.html>.

[80] *Reference re ss. 193 and 195.1(1)(C) of the criminal code (Man.)*, [1990] 1 SCR 1123. Disponível em: <http://scc.lexum.org/en/1990/1990scr1-1123/1990scr1-1123.html>.

[81] Por causa das dificuldades encontradas pela Assembleia Constituinte convocada quando da Proclamação de Independência, uma proposta foi aprovada pelo primeiro Knesset (Parlamento) em 1950: a Constituição de Israel seria redigida em capítulos, a serem aprovados individualmente, cada um deles se tornando uma Lei Fundamental particular. Em 1992, foi promulgada a Lei Básica: Dignidade Humana e Liberdade. V. <http://www.knesset.gov.il/description/eng/eng_mimshal_yesod.htm>.

como um direito específico.[82] A Lei Básica protege a dignidade do homem como um membro de sua comunidade[83] e, portanto, também funciona como uma restrição sobre outros direitos.[84] Muitos casos decididos pela Suprema Corte invocam a dignidade na sua fundamentação, algumas vezes em situações menos controversas, como o direito de um homem deixar a barba crescer,[85] o direito de uma família realizar um funeral para seu parente falecido,[86] o direito à paternidade[87] e o direito de um cônjuge a receber auxílio.[88] Por outro lado, a peculiar situação de Israel, rodeada por vizinhos agressivos desde a sua fundação, tem levado a casos mais dramáticos, envolvendo questões morais altamente complexas. Uma delas envolveu a discussão sobre detenção prolongada de prisioneiros libaneses, que não representavam uma ameaça à segurança nacional, como moeda de troca em negociações pelo retorno de soldados israelenses que haviam desaparecido no Líbano. Depois de certa hesitação, a Corte finalmente considerou que a prática era inaceitável, devido aos danos que causava sobre a dignidade humana.[89] Outro caso delicado levou a uma decisão que reafirmou a absoluta proibição da tortura, sem exceções e sem espaço para ponderações, mesmo na hipótese de interrogatório de suspeitos de terrorismo.[90]

Existem precedentes em todos os lugares. Na África do Sul, onde a dignidade está expressamente incluída na Constituição, ela tem sido considerada tanto um valor fundacional quanto um direito exequível.[91] A dignidade humana tem sido utilizada pela Suprema Corte da África do Sul em diferentes contextos, como nos casos em que declarou a inconstitucionalidade da pena de morte,[92] acolheu uma lei que permitia

---

[82] V. David Kretzmer (Human dignity in Israeli jurisprudence. *In*: KRETZMER, David, KLEIN Eckart (Ed.). *The concept of human dignity in human rights discourse*. 2002. p. 167-75).

[83] *Klingberg* v. *Parole Committee* (1995) 96 Takdin-Elyon (1) 192, 197.

[84] David Kretzmer (Human dignity in Israeli jurisprudence. *In*: KRETZMER, David; KLEIN, Eckart (Ed.). *The concept of human dignity in human rights discourse*. 2002. p. 169).

[85] *Nof* v. *State of Israel* (1994) 50 P.D. (5) 449.

[86] *Barkaat* v. *Officer Commanding Central Command* (1992) 46 P.D. (5) 1.

[87] *Nachmani* v. *Nachmani* (1993) 49 P.D. (1) 485.

[88] *Solomon* v. *Solomon* (1993) 51 P.D. (2) 577.

[89] *Plonim* v. *Minister of Defense*. Dinim Elyon (1997) v. LVII, n. 755.

[90] *Public Committee Against Torture in Israel* v. *The State of Israel & The General Security Service*. HCJ 5100/94 (1999). Disponível em: <http://elyon1.court.gov.il/files_eng/94/000/051/a09/94051000.a09.pdf>.

[91] Donrich W. Jordaan (Autonomy as an element of human dignity in South African case law. *The Journal of Philosophy, Science & Law*, n. 8, p. 1, 2009). V. o *site* oficial da Corte Constitucional da África do Sul em: <http://www.constitutionalcourt.org.za/site/home.htm>).

[92] *S.* v. *Makwanyane and Another* (CCT3/94) [1995] ZACC 3. Disponível em: <http://www.constitutionalcourt.org.za/Archimages/2353.PDF>.

o aborto durante o primeiro trimestre de gravidez,[93] derrubou legislação que criminalizava relações homossexuais,[94] e em que estabeleceu ser equivalente à discriminação injusta proibir uma jovem garota de usar um brinco no nariz, associado com sua religião e tradição cultural, o hinduísmo.[95] Em dois casos amplamente divulgados, relacionados com a aplicação dos direitos sociais, a Corte pronunciou-se sobre o acesso à moradia adequada (caso Grootboom)[96] e sobre o fornecimento de água (caso Mazibuko) com base na dignidade humana.[97] Passando para a América Latina, a Suprema Corte do Brasil tem invocado a dignidade humana em uma vasta gama de situações, incluindo o direito contra a autoincriminação,[98] a proibição da tortura e do tratamento degradante e cruel,[99] o direito de não ser algemado injustificadamente,[100] a falta de proteção constitucional para o discurso antissemita[101] e o acolhimento de ações afirmativas em benefício de pessoas com deficiências.[102] Em

---

93 *Christian Lawyers Association of South Africa & others* v. *Minister of Health & others* 1998 (4) SA 113 (T), 1998 (11) BCLR 1434 (T). Disponível em: <http://ss1.webkreator.com.mx/4_2/000/000/00b/ae7/8.%20Christian%20Lawyers%20Association%20v.%20Minister%20of%20Health.%201998.pdf>.

94 *National Coalition for Gay and Lesbian Equality and Another* v. *Minister of Justice and Others* (CCT11/98) [1998] ZACC 15; 1999 (1) SA 6; 1998 (1) BCLR 1517 (9 October 1998). Disponível em: <http://www.constitutionalcourt.org.za/Archimages/2076.PDF>.

95 *MEC for Education: Kwazulu-Natal and Others v Pillay* (CCT 51/06) [2007] ZACC 21 (5 October 2007). Disponível em: <http://www.constitutionalcourt.org.za/Archimages/10986.PDF>.

96 *The Government of the Republic of South Africa and others* v. *Irene Grootboom and others* (CCT 11/00) (2000). Disponível em: <http://www.saflii.org/za/cases/ZACC/2000/19.pdf>. Nesse caso, a Corte negou aos réus, que viviam em condições extremamente miseráveis, o direito de reivindicar imediatamente, através de ações judiciais, abrigo ou moradia. Contudo, a Corte impôs sobre o Estado o dever de conceber e implementar, considerados os recursos disponíveis, um programa abrangente e coordenado para concretizar progressivamente o direito de acesso à moradia adequada.

97 Mazibuko and Others v City of Johannesburg and Others (CCT 39/09) [2009] ZACC 28; 2010 (3) BCLR 239 (CC); 2010 (4) SA 1 (CC) (8 October 2009). Disponível em: <http://www.saflii.org/za/cases/ZACC/2009/28.html>. Nesse caso, a Corte Constitucional reverteu uma decisão da Suprema Corte de Recursos e acolheu uma política da cidade de Johannesburgo relativa à quantidade de água fornecida mensalmente de graça para todas as famílias (6 quilolitros) e a instalação de medidores pré-pagos para cobrar pelo uso de água que excedesse essa quantidade.

98 Supremo Tribunal Federal [STF], [Última instância em matérias constitucionais], HC [*Habeas Corpus*] nº 79812/SP, 2001, *RTJ* 176/805. Disponível em: <http://redir.stf.jus.br/paginador/paginador.jsp?docTP=AC&docID=78158>.

99 STF. HC nº 70389/SP, 1994 *RTJ* 178/1168. Disponível em: <http://redir.stf.jus.br/paginador/paginador.jsp?docTP=AC&docID=72400>.

100 STF. HC nº 91952/SP, 2008, *RTJ* 208/257. Disponível em: <http://redir.stf.jus.br/paginador/paginador.jsp?docTP=AC&docID=570157>.

101 STF. HC nº 82424/RS, 2003, *RTJ* 188/858. Disponível em: <http://redir.stf.jus.br/paginador/paginador.jsp?docTP=AC&docID=79052>.

102 STF. ADI [Ação Direta de Inconstitucionalidade] nº 2649/DF, 2008 (*RTJ* 207/583). Disponível em: <http://redir.stf.jus.br/paginador/paginador.jsp?docTP=AC&docID=555517>.

cenários mais controversos, a Corte tem interpretado extensivamente o conceito de dignidade humana, em decisões que declararam a constitucionalidade de leis que permitiram a pesquisa com células tronco embrionárias,[103] garantiram o direito ao acesso de medicamentos e tratamentos custosos para demandantes de baixa renda,[104] e acolheram as demarcações de reservas indígenas feitas pelo governo.[105] Na Colômbia, a Corte Constitucional, divergindo de cortes constitucionais de outros países, como Canadá e África do Sul, por exemplo, considerou a prostituição voluntária como uma profissão legítima.[106]

2 A dignidade humana nos documentos e na jurisprudência internacionais

Seria possível seguir em frente indefinidamente, mencionando precedentes de jurisdições de todo o mundo, como Espanha, Portugal, Polônia, Hungria, Argentina e México, dentre muitos outros. Mas o ponto já ficou claro: a dignidade humana, consagrada expressamente ou não no texto constitucional, tem se tornado um instrumento argumentativo poderoso para Tribunais Constitucionais e Cortes Supremas de diferentes continentes. O caso dos Estados Unidos será tratado em um tópico específico. Agora verificar-se-á como a dignidade humana tornou-se uma ideia onipresente também no Direito Internacional. De fato, a dignidade humana tem sido proeminentemente inserida no preâmbulo ou no texto de uma grande quantidade de declarações e tratados, alguns deles já mencionados no presente estudo, incluindo a Carta da ONU (1945), a Declaração Universal dos Direitos do Homem (1948), a Convenção Internacional para a Eliminação de Todas as Formas de Discriminação Racial (1965), o Pacto Internacional de Direitos Civis e Políticos (1966), o Pacto Internacional de Direitos Econômicos, Sociais e Culturais (1966), a Convenção Americana de Direitos Humanos (1978), a Convenção sobre a Eliminação de Todas as Formas de Discriminação contra as Mulheres (1979), a Carta Africana de Direitos

[103] STF. ADI nº 3510/DF, 2010, *RTJ* 214/43. Disponível em: <http://redir.stf.jus.br/paginador/paginador.jsp?docTP=AC&docID=611723>.

[104] STF. STA [Suspensão de Tutela Antecipada] nº 175/CE, 2009, *RTJ* 210/1227. Disponível em: <http://redir.stf.jus.br/paginador/paginador.jsp?docTP=AC&docID=610255>.

[105] STF. Pet [Petição] nº 3388/RR, 2009, *RTJ* 212/49. Disponível em: <http://redir.stf.jus.br/paginador/paginador.jsp?docTP=AC&docID=612760>.

[106] Corte Constitucional da Colômbia. Sentencia T-62910. *LAIS* v. *Bar Discoteca PANDEMO*. Disponível em: <http://www.corteconstitucional.gov.co/RELATORIA/2010/T-629-10.htm>.

Humanos e dos Povos (1981), a Convenção contra a Tortura e Outros Tratamentos Cruéis, Desumanos ou Degradantes (1984), a Convenção de Direitos da Criança (1989), a Carta dos Direitos Fundamentais da União Europeia (2000), e a Carta Árabe de Direitos Humanos (2004), entre outros. Muitos desses documentos são aplicados diretamente por Cortes Internacionais, como a Corte Europeia de Justiça, a Corte Europeia de Direitos Humanos e a Corte Interamericana de Direitos Humanos.

A Corte Europeia de Justiça (CEJ), tribunal mais elevado da União Europeia, sediada em Luxemburgo, tem utilizado o conceito de dignidade humana para fundamentar suas decisões em uma variada seleção de casos. Em um pedido de anulação de uma diretriz relativa à proteção jurídica das invenções biotecnológicas, a CEJ afirmou, invocando a dignidade humana, que nem o corpo humano nem qualquer de seus elementos podem constituir invenções patenteáveis,[107] que a presunção de inocência e a proteção de sigilo profissional exigem "respeito pela reputação e pela dignidade" dos indivíduos envolvidos,[108] e que o empregador viola o dever de respeitar a dignidade ao demitir um empregado devido a uma cirurgia de mudança de sexo.[109] Uma discussão complexa sobre a dignidade no direito europeu se deu no *caso Omega*. O litígio envolvia a proibição pelas autoridades alemãs de Bonn de uma instalação conhecida "Laserdrome", usada para jogos que simulam atos de homicídio, com o disparo sobre alvos humanos através de um feixe de laser. Uma empresa britânica fornecia o equipamento do jogo, cuja exploração era pretendida por uma empresa alemã através de um acordo de franquia que ainda estava para ser assinado. Um tribunal alemão acolheu a proibição afirmando que o "jogo da morte" era uma afronta à dignidade humana. A questão submetida ao CEJ era se disposições sobre a liberdade de prestar serviços e a livre movimentação de mercadorias, contidas no Tratado que estabelecia a Comunidade Europeia, teriam sido violadas. A Corte considerou que

---

[107] Case C-377/98, *Kingdom of the Netherlands* v. *European Parliament and Council of the European Union*, 2001 ECR I-07079 (a CEJ, porém, não considerou atentatória à dignidade humana uma diretriz que concedeu proteção patenteária para determinadas biotecnologias, como "invenções que combinem um elemento natural com um processo técnico que lhe permita ser isolado ou produzido para aplicação industrial"); v. também Case C-34/10, Oliver *Brüstle* v. *Greenpeace eV*, 2011 ECR.

[108] Case T-474/04, *Pergan Hilfsstoffe fur Industrielle Prozesse* v. *Commision of the European Communities*, 2008 ECR II-4225 (exigindo sigilo em relação a uma entidade não acusada de delitos pela Comissão das Comunidades Europeias em uma decisão proferida em um caso sobre cartel).

[109] Case 13/94, *P* v. *S and Cornwall* CC, 1996 ECR I-2143.

a Alemanha poderia ter um sistema de proteção da dignidade humana diferente do adotado em outro Estado-membro e que não era necessário que os Estados-membros compartilhassem as mesmas concepções de um dado valor ou direito fundamental. Em outras palavras, a dignidade humana poderia ter diferentes significados e alcances dentro das jurisdições domésticas da União Europeia.[110]

A Corte Europeia de Direitos Humanos (CEDH), baseada em Estrasburgo, foi instituída para aplicar a Convenção Europeia sobre Direitos Humanos (1950).[111] Embora a convenção não incorpore expressamente o conceito de dignidade humana no seu texto, a CEDH tem frequentemente empregado a dignidade humana como um importante elemento na sua interpretação do documento.[112] No conhecido *caso Tyrer*, a CEDH considerou que a decisão proferida por um tribunal da infância do Reino Unido de submeter alguém de quinze anos de idade a castigos corporais ("três açoites com vara"), violava o artigo 3 da Convenção sobre Direitos Humanos. Apesar de a punição não resultar em efeitos "graves ou de longa duração", "constituía uma agressão sobre (...) a dignidade da pessoa e a integridade física". Para apoiar essa conclusão, a Corte apontou, em particular, o fato de que o jovem "foi tratado como um objeto em poder das autoridades".[113] Ao longo das décadas seguintes, a Corte considerou que a dignidade produzia efeitos em casos como o de um homem que levou nove anos para obter o divórcio devido a inúmeras acusações infundadas a respeito de sua saúde mental,[114] na rejeição da imunidade conjugal para a acusação de estupro,[115] no uso de força excessiva contra um prisioneiro,[116] em relação às condições de vida ou de detenção degradantes,[117] na persecução penal da conduta homossexual privada e consentida entre adultos[118] e no caso em que o Reino Unido não permitiu legalmente a mudança de sexo de um transexual, em desrespeito ao seu direito a uma vida

---

[110] Case C-36/02, *Omega Spielhallen-und Automatenaufstellungs-GmbH* v. *Oberbürgermeisterin der Bundesstadt Bonn*, 2004 ECR I-09609. V. íntegra da decisão em: <http://eur-lex.europa.eu/LexUriServ/LexUriServ.do?uri=CELEX:62002J0036:EN:NOT>.

[111] A Convenção foi adotada pelo Conselho da Europa, que também instituiu a Corte. O Conselho da Europa, composto por 47 Estados europeus, não está diretamente relacionado com a União Europeia ou com a Corte Europeia de Justiça.

[112] V. Jochen Abr. Frownein (Human dignity in international law. *In*: KRETZMER, David, KLEIN, Eckart (Ed.). *The concept of human dignity in human rights discourse*. 2002. p. 123-24).

[113] *Tyrer* v. *the United Kingdom*, 26 Eur. Ct. H.R. (1978).

[114] *Bock* v. *Germany*, 12 Eur. Ct. H.R. (1990).

[115] *S.W.* v. *United Kingdom*, *C.R.* v. *United Kingdom*, 21 Eur. Ct. H.R. (1995).

[116] *Ribitsch* v. *Austria*, 21 Eur. Ct. H.R. (1995).

[117] V. *M.S.S.* v. *Belgium and Greece*, Eur. Ct. H.R. (2011); e *Cyprus* v. *Turkey*, Eur. Ct. H.R. (2001).

[118] *Dudgeon* v. *United Kingdom* 45 Eur. Ct. H.R. (1981).

privada.[119] Em 1997, contudo, a Corte acolheu uma decisão da Câmara dos Lordes do Reino Unido segundo a qual o consentimento não era uma defesa válida contra acusações de lesões e agressões criminosas ocorridas no contexto de participação voluntária em atividades sado-masoquistas realizadas em ambiente privado. A Corte observou que "a proteção da vida privada significa a proteção da intimidade e da dignidade da pessoa, não a proteção de sua baixeza ou a promoção de imoralide criminosa".[120]

A Corte Interamericana de Direitos Humanos é uma instituição autônoma da Organização dos Estados Americanos, cujo objetivo é a interpretação e aplicação da Convenção Americana de Direitos Humanos. Essa Corte também tem citado a dignidade em muitas ocasiões, no que se refere, por exemplo, à violência psicológica, sexual e física contra detentos em uma prisão peruana,[121] confinamento solitário e outras formas de encarceramento em condições desumanas,[122] desaparecimentos forçados[123] e execuções extrajudiciais.[124] A Corte tem também observado que a dignidade desempenha um papel não apenas na caracterização do dano causado por violações aos direitos humanos, mas também na responsabilização do Estado em reparar o dano. Assim o é porque uma violação dos direitos humanos fere "a dignidade e o respeito devidos a cada ser humano... a punição de quem praticou o ato reestabelece a dignidade e a autoestima da vítima (...) e da comunidade".[125] Em 1999, a Corte considerou que o direito fundamental à vida "inclui não apenas o direito de cada ser humano não ser privado de sua vida arbitrariamente, mas também o direito de que ele não seja impedido de ter acesso às condições que garantam uma existência digna".[126] No fim de 2010, a Corte decidiu que crimes contra a humanidade perpetrados pela ditadura militar no Brasil (assassinato, tortura e desaparecimento forçado de pessoas), de 1964 até 1985, devem ser investigados, processados e punidos. A decisão desautorizou a Lei de Anistia que foi promulgada pelo Congresso e mantida pelo Supremo Tribunal Federal.[127]

---

[119] *Goodwin* v. *United Kingdom*, 35 Eur. Ct. H.R. (2002).

[120] *Laskey, Jaggard and Brown* v. *The United Kingdom*, 29 Eur. Ct. H.R. 120 (1997).

[121] *Miguel Castro-Castro Prison* v. *Peru*, Inter-Am. CHR Series C No. 160 (2006).

[122] V. *Bámaca Velásquez Case*, Inter-Am. CHR Series C No. 70 (2000); *Boyce et al.* v. *Barbados*, Inter-Am. CHR Series C No. 169 (2007); *Juvenile Reeducation Institute* v. *Paraguay*, Inter-Am. CHR (2004); e *Caesar* v. *Trinidad and Tobago*, Inter-Am. CHR (2005).

[123] V. *Velásquez Rodriguez Case*, Inter-Am. CHR Series C No. 4 (1988).

[124] V. *Manuel Cepeda Vargas* v. *Colombia*, Inter-Am. CHR (2006).

[125] V. *Bulacio* v. *Argentina, Inter-Am. CHR* Series C No. 100 (2003).

[126] Caso das *"Crianças de Rua"* v. *Guatemala, Inter-Am. CHR* Series C. No. 77 (1999).

[127] Caso *Gomes Lund e outros* v. *Brasil*, julgamento em 24 de Novembro de 2010. V. página oficial da Corte Interamericana de Direitos Humanos em: <http://search.oas.org/default.aspx?k=Brasil,%20caso%20araguaia&s=All+Sites>.

3 A dignidade humana no discurso transnacional

A influência do direito de um povo, cidade, Estado, república ou império sobre outros conjuntos políticos é um fenômeno que remonta a tempos antigos, possivelmente anteriores à Lei Mosaica. O Direto da Lei das Doze Tábuas (século V a.C.) foi o marco inicial da perene influência do Direito Romano sobre a tradição jurídica ocidental, que percorreu todo o caminho até os pandeccistas alemães e ainda além. No século XIX, o Código de Napoleão (1804) na França, assim como o pensamento jurídico alemão mais geral (especialmente após a década de 1850), proporcionaram forte impulso para a globalização do direito e do pensamento jurídico no mundo moderno, com grande impacto na Europa continental e nas Américas.[128] No século XX, especialmente após a Segunda Guerra Mundial, o direito norte-americano cresceu em relevância e se tornou mais influente ao redor do mundo.[129] O Direito Constitucional norte-americano, em particular — que sempre foi baseado na supremacia da Constituição (e não do Parlamento), em direitos fundamentais diretamente aplicáveis e no controle judicial de constitucionalidade das leis — se tornou exemplar para a maioria das democracias, tanto as tradicionais quanto as novas.[130] Já chegando ao fim do século, o fenômeno conhecido como "transposição jurídica" — a importação por um país do direito e das instituições jurídicas desenvolvidas em outro[131] — tornou-se uma parte cada vez mais importante da rotina de desenvolvimento dos desenhos institucionais.

[128] O conjunto de ideias que ficou conhecido como pensamento jurídico clássico, como descrito por Duncan Kennedy em uma obra magnífica, teve diferentes protagonistas ao longo do tempo e produziu um "método transnacional". De acordo com ele, o pensamento jurídico clássico enxergava o direito como um sistema e tinha como características principais a distinção entre direito público e privado, individualismo e um compromisso com a lógica formal, abusando-se da dedução como método jurídico. V. KENNEDY, Duncan. Three globalizations of law and legal thought: 1850-2000. *In*: TRUBEK, David; SANTOS, Alvaro (Ed.). *The new law and development:* a critical appraisal, 2006. p. 23 ("O pensamento jurídico alemão foi, nesse sentido, hegemônico entre 1850 e 1900, o pensamento jurídico francês entre 1900 e meados da década de 1930, e o pensamento jurídico estadunidense após 1950").

[129] No início do século, era comum acadêmicos americanos citarem seus colegas alemães e franceses. V. Oliver Wendell Holmes (The path of the law. *Harvard Law Review*, n. 10, 1897, p. 457). Porém, como observado por David Kennedy e William Fisher III na introdução da obra *The canon of american legal thought*. David Kennedy; William Fisher III, (Ed.). 2006. p. 15, "Desde o fim da Segunda Guerra Mundial, as influências do pensamento europeu sobre a produção americana são menos evidentes".

[130] V. Luís Roberto Barroso (The americanization of constitutional law and its paradoxes: constitutional theory and constitutional jurisdiction in the contemporary world. *ILSA Journal of Int'l & Comparative Law*, n. 16, p. 579, 580, 2010).

[131] Frederick Schauer (The politics and incentives of legal transplantation. CID Working Paper n. 44, Apr. 2000, *Law and Development Paper*, n. 2).

Em alguma medida, o fato de que o direito, o pensamento jurídico e os desenhos institucionais estejam transitando além das fronteiras políticas e geográficas não é novo. A novidade que será ressaltada aqui corresponde à maneira como as cortes de diferentes países tornaram-se mais influentes no desenvolvimento da jurisprudência uma das outras.

Tribunais constitucionais e cortes supremas de todo o mundo começaram a se engajar em um crescente diálogo constitucional[132] envolvendo citação mútua, conferências de intercâmbio acadêmico[133] e organização de fóruns públicos como a Comissão de Veneza.[134] Dois fatores têm contribuído para o aprofundamento desse processo. Em primeiro lugar, os países onde o Estado de Direito foi instaurado mais recentemente se espelham, com frequência, na experiência de democracias mais sedimentadas. Nas últimas décadas, temos observado ondas de democratização que alcançaram diversas partes do mundo, incluindo a Europa nos anos 1970 (Grécia, Portugal e Espanha), a América Latina na década de 1980 (Brasil, Chile, Argentina) e a Europa Central e Oriental nos anos 1990. Órgãos como a Suprema Corte dos Estados Unidos e o Tribunal Constitucional Federal da Alemanha têm desempenhado, como seria de esperar, um significativo papel de modelo para essas novas democracias. Embora o fluxo de ideias seja mais intenso em um sentido do que em outro, também é verdade que, como em qualquer outra forma de intercâmbio, esta é uma avenida de mão dupla.[135] Também é importante notar que algumas cortes que foram instituídas mais recentemente, como a Suprema Corte do Canadá e a

---

[132] V. Anne-Marie Slaughter. *A new world order*. 2004. p. 70.

[133] Antigos membros de cortes constitucionais, como Aaron Barak, da Suprema Corte de Israel, e Dieter Grimm, do Tribunal Constitucional Federal da Alemanha, são visitantes frequentes de faculdades de direito americanas, como Yale e Harvard. Na Yale Law School, o Seminário *Constitucionalismo Global*, dirigido por Robert Post, reúne um grupo de cerca de quinze membros de cortes e tribunais constitucionais de todo o mundo. V. <http://www.law.yale.edu/academics/globalconstitutionalismseminar.htm>. V. também Mark Tushnet. *A Court divided*: the rehnquist Court and the future of constitutional law. 2005. p. 176.

[134] De acordo com o seu sítio eletrônico, a Comissão europeia para democracia através do Direito, mais conhecida como Comissão de Veneza, é um órgão consultivo do Conselho da Europa e um grupo de reflexão sobre o Direito Constitucional. Nesse *site*, a Comissão coleta e resume posicionamentos de cortes constitucionais, e seus equivalentes, de todo o mundo, da Albânia ao Reino Unido. Disponível em: <http://www.venice.coe.int/site/main/Presentation_E.asp>. Acesso em: 13 abr. 2011.

[135] A Comissão de Veneza, na introdução de seu banco de dados, denominado CODICES, enuncia que "a troca de informações e idéias entre as democracias antigas e novas (...) espera-se, não será apenas um benefício para as recém-criadas jurisdições constitucionais da Europa Central e Oriental, mas também irá enriquecer a jurisprudência das cortes já existentes na Europa Ocidental e na América do Norte". V. <http://www.codices.coe.int/NXT/gateway.dll?f=templates&fn=default.htm>.

Corte Constitucional da África do Sul, tornaram-se "particularmente influentes" e são frequentemente citadas por outras cortes.[136]

O segundo fator envolve o compartilhamento de experiências entre as democracias mais maduras e tradicionais. Sociedades plurais e altamente complexas se deparam com desafios em áreas que vão da segurança nacional até questões religiosas, raciais e sexuais. Controvérsias, ideias, argumentos jurídicos, inferências morais e propostas de soluções são similares e recorrentes por todo o mundo, e as visões e percepções dos juízes de um país podem enriquecer o raciocínio dos juízes de outras jurisdições. Decisões judiciais estrangeiras podem oferecer novas informações e perspectivas, e também ajudar na construção de consensos.[137] Parece ser esse o caso em relação à pena de morte (com exceção dos Estados Unidos) e, em alguma medida, também ao aborto (Estados Unidos, Alemanha, França e Canadá, entre outros, possuem legislação similar nessa matéria). Como intuitivo e fora de qualquer dúvida, as decisões judiciais estrangeiras têm apenas uma autoridade persuasiva, não sendo vinculantes. Somente esse fato já seria suficiente para afastar qualquer espécie de temor provinciano. Em determinadas ocasiões, a abordagem comparativa pode ser utilizada por votos divergentes, para demonstrar como razões locais, culturais, sociais ou políticas deveriam levar a soluções diferentes.

Não é difícil encontrar exemplos desse diálogo entre as cortes de diferentes países. A Suprema Corte do Canadá, por exemplo, tem citado concepções de dignidade de cortes estrangeiras ou de tribunais internacionais na discussão de vários casos. Em *Kindler* v. *Canada*, num caso que dizia respeito à extradição de um réu americano que poderia ser condenado à morte, os votos divergentes mencionaram a abolição da pena capital no Reino Unido, na França, na Austrália, na Nova Zelândia, na antiga Tchecoslováquia, na Hungria e na Romênia, como um reforço do "reconhecimento internacional da importância da dignidade humana".[138] Em *R.* v. *Morgentaler*,[139] que derrubou

[136] Frederick Schauer (The politics and incentives of legal transplantation. *Law and Development Paper*, n. 2, Apr. p. 12, 2000), referindo-se particularmente ao Canadá ("As ideias e os constitucionalistas canadenses têm sido particularmente influentes, especialmente quando comparados com os Estados Unidos. Uma das razões para isso é que o Canadá, ao contrário dos Estados Unidos, é visto como reflexo de um consenso internacional emergente, ao invés de aparecer como um caso especial").

[137] Anne-Marie Slaughter. *A new world order*. 2004. p. 77, 78.

[138] [1991] 2 SCR 779. Disponível em: <http://csc.lexum.org/en/1991/1991scr2-779/1991scr2-779.html>.

[139] *R.* v. *Morgentaler*, [1988] 1 SCR 30. Disponível em: <http://scc.lexum.org/en/1988/1988scr1-30/1988scr1-30.html>.

dispositivos do Código Penal que autorizavam o aborto, a Corte fez referência a precedentes da Suprema Corte dos Estados Unidos e do Tribunal Constitucional Federal da Alemanha. Em *R.* v. *Smith*,[140] a Corte decidiu que a pena mínima de prisão obrigatória prevista pela Lei de Controle dos Narcóticos não passava no teste de proporcionalidade e constituía uma punição cruel e incomum. No seu voto divergente, o *Justice* McIntyre escreveu que ele teria mantido a lei, mencionando muitos casos da Suprema Corte dos Estados Unidos sobre a matéria e citando o voto vencedor do *Justice* Brennan em *Furnan* v. *Georgia*. Em *R.* v. *Keegstra*, um caso acolhendo a proibição do discurso do ódio — ou *hate speech* — como uma limitação legítima da liberdade de expressão, a Corte citou diversos pronunciamentos da Comissão Europeia de Direitos Humanos sobre a matéria.[141] É interessante observar que a decisão da Suprema Corte do Canadá no *caso Rodriguez*,[142] no qual ela se recusou a reconhecer o direto ao suicídio assistido, foi mencionada pela Corte Europeia de Direitos Humanos em *Pretty* v. *United Kingdom*, um caso similar envolvendo uma mulher que estava paralisada e sofrendo de uma doença degenerativa incurável, cujo marido teve negado um requerimento de imunidade de persecução penal para que pudesse ajudá-la na realização do seu desejo de cometer suicídio.[143]

Na Índia, a Suprema Corte frequentemente cita precedentes da Suprema Corte dos Estados Unidos, em uma variedade de diferentes contextos. Em um caso em que se discutia redistribuição de terras, direitos fundamentais e os limites do poder de reformar a Constituição, chegou-se a uma decisão que continha diversas referências à dignidade do indivíduo e que promoveu um intenso debate sobre a doutrina americana de que a mudança de orientação jurisprudencial consolidada somente se aplica para frente (*prospective overruling*).[144] Em outro julgamento a Corte derrubou uma lei que proibia as mulheres de serem empregadas em qualquer estabelecimento onde se consumia

[140] *R.* v. *Smith (Edward Dewey)*, [1987] 1 SCR 1045. Disponível em: <http://scc.lexum.org/en/1987/1987scr1-1045/1987scr1-1045.html>.

[141] *R.* v. *Keegstra*, [1990] 3 SCR 697. Disponível em: <http://www.canlii.org/en/ca/scc/doc/1990/1990canlii24/1990canlii24.html>.

[142] *Rodriguez* v. *British Columbia* (*Attorney General*), [1993] 3 SCR 519. Disponível em: <http://scc.lexum.org/en/1993/1993scr3-519/1993scr3-519.html>.

[143] Application N. 2346/02 (2002). Disponível em: <http://cmiskp.echr.coe.int/tkp197/view.asp?action=html&documentId=698325&portal=hbkm&source=externalbydocnumber&table=F69A27FD8FB86142BF01C1166DEA398649>.

[144] *I. C. Golaknath & Ors* v. *State of Punjab & Anrs* [1967] INSC 45; AIR 1967 SC 1643; 1967 (2) SCR 762 (27 de fevereiro de 1967). Disponível em: <http://www.liiofindia.org/in/cases/cen/INSC/1967/45.html>.

bebidas alcoólicas, inclusive hotéis. A decisão levou em consideração o parâmetro americano de um escrutínio mais estrito para discriminação de gênero, acompanhado de uma longa citação a um voto da *Justice* Ginsburg.[145] Na África do Sul, a Corte Constitucional tem citado diversas decisões da Suprema Corte do Canadá, em casos envolvendo o direito das mulheres à igualdade, com a justificativa de que discriminações injustas violam a dignidade humana individual, e envolvendo pena de morte, com justificativa semelhante, ou seja, a de que tal prática também viola a dignidade humana. Em uma decisão sobre o aborto proferida pela Suprema Corte da Polônia, o juiz Lech Garlikci, ao votar em oposição à maioria, citou um precedente do Tribunal Constitucional da Espanha que descrevia a dignidade humana como um "valor moral e espiritual inerentemente relacionado com o ser humano e expresso, em particular, na consciente e responsável autodeterminação de cada pessoa sobre sua própria vida, o que justifica a exigência de respeito feita a terceiros".[146] O juiz prosseguiu e citou um caso de 1975, da República Federal da Alemanha, para apoiar seu argumento sobre a dignidade do feto humano.[147]

Nos Estados Unidos, a "atenção ao julgamento de outras nações" foi recomendada no *Federalista* nº 63,[148] assim como em algumas das mais antigas decisões da Suprema Corte[149] e de outras cortes federais, que eram frequentemente influenciadas pelo direito inglês.[150] Ao longo

---

[145] *Anuj Garg & Ors* v. *Hotel Association of India & Ors* [2007] INSC 1226 (6 de dezembro de 2007). Disponível em: <http://www.liiofindia.org/in/cases/cen/INSC/2007/1226.html>.

[146] Decisão Polonesa sobre o Aborto (1997), K 26/96 OTK ZU No. 2 (Tribunal Constitucional).

[147] Decisão Polonesa sobre o Aborto (1997), K 26/96 OTK ZU No. 2 (Tribunal Constitucional).

[148] Federalist 63 (James Madison) ("Dar atenção ao julgamento de outras nações é importante para todo governo por duas razões: a primeira é que, independentemente dos méritos de qualquer plano ou medida em particular, é desejável, em vários aspectos, que pareçam às outras nações uma decorrência de sábia e honrosa política; a segunda é que, em casos duvidosos, particularmente em que conselhos nacionais possam estar dominados por forte paixão ou interesse momentâneo, a presumida ou sabida opinião do mundo imparcial pode ser o melhor guia a ser seguido"). Disponível em inglês em: <http://www.constitution.org/fed/federa63.htm>.

[149] V. *Thirty Hogsheads of Sugar* v. *Boyle*, 13 U.S. (9 Cranch) 191, 195 (1815). Neste caso, envolvendo uma disputa sobre a captura de um navio em período de guerra, o *Chief Justice* John Marshall escreveu pela Corte: "as decisões das cortes de cada país, na medida em que são fundadas sobre o direito comum de cada país, não serão recebidas como autoridade, mas com respeito. As decisões das cortes de cada país mostram como o direito das nações, em um dado caso, é compreendido naquele país e serão consideradas na definição da norma que deve prevalecer na presente situação".

[150] Anne-Marie Slaughter (*A new world order*. 2004. p. 71). V. Diane Marie Amann (Raise the flag and let it talk: on the use of external norms in constitutional decision making. *International Journal of Constitutional Law*, n. 2, p. 597, 2004).

dos anos, no entanto, referências a leis e precedentes estrangeiros se tornaram relativamente escassas,[151] sendo que, por volta do final do século XX, alguns observadores diagnosticaram certo isolacionismo e paroquialismo por parte dos juristas e das cortes americanas.[152] Mas com a virada do século, novos ventos passaram a soprar. Em 1999, ao divergir em uma negativa de *certiorari* para *Knight* v. *Florida*,[153] um caso que envolvia a execução de prisioneiros que haviam passado cerca de 20 anos no corredor da morte, o *Justice* Stephen Breyer citou casos da Índia, Zimbábue, Canadá, África do Sul e da Corte Europeia de Direitos Humanos.[154] Em 2002, o *Justice* John Paul Stevens, escrevendo pela maioria em *Atkins* v. *Virginia*,[155] fez uma vaga menção ao direito estrangeiro quando afirmou que "no âmbito da comunidade mundial, a imposição da pena de morte para crimes cometidos por pessoas com deficiência mental é amplamente reprovada".[156] Essa simples referência provocou reações fortes dos *Justices* Scalia, Rehnquist e Thomas.[157] Em 2003, durante os argumentos orais de *Grutter* v. *Bollinger*,[158] a *Justice* Ruth Bader Ginsburg levantou a questão do modo como outros países abordaram o tema das ações afirmativas e, em seu voto em separado, citou duas convenções de Direito Internacional sobre discriminação.[159]

---

[151] V. *Jacobson* v. *Massachusetts*, 197 U.S. 11, 31-32 & n.1 (1905); *Wickard* v. *Filburn*, 317 U.S. 111 (1942); *Younstown Sheet & Tube Co.* V. *Sawyer*, 343 U.S. 579, 651-52 (1952) (*Justice Jackson concordando*); e *Miranda* v. *Arizona*, 348 U.S. 436, 486-490 (1966).

[152] Bruce Ackerman. The rise of world constitutionalism. *Virginia Law Review*, n. 83, p. 771, 772. ("A transformação global ainda não teve o menor impacto sobre o pensamento constitucional norte-americano. O juiz americano típico não pensaria em aprender com uma decisão da Corte Constitucional alemã ou francesa. Nem o jurista típico — presumindo, em contrariedade aos fatos, que ele poderia seguir o raciocínio dos nativos em suas línguas estrangeiras. De todo o modo, a teoria e prática norte-americanas se moveram na direção de um provincianismo enfático").

[153] 528 U.S. 990 (1999) (*Breyer, J, divergindo*).

[154] 528 U.S. 990 (1999) (*Breyer, J, divergindo*). V. <http://scholar.google.com/scholar?q=Knight+v.+Florida&hl=en&as_sdt=2&as_vis=1&oi=scholart>.

[155] 536 U.S. 304 (2002).

[156] 536 U.S. 316, n. 21. (2002).

[157] 536 U.S. 347 (2002). (*Scalia, J., acompanhado por Rehnquist, C.J., e Thomas, divergindo*) ("Igualmente irrelevantes são as práticas da 'comunidade mundial', cujas noções de justiça nem sempre são (felizmente) aquelas de nosso povo (...) Onde não há um consenso prévio estabelecido entre nosso próprio povo, os pontos de vista de outras nações, independentemente do quão esclarecidos os *Justices* dessa Corte possam pensar que eles sejam, não podem ser impostos sobre os americanos através da Constituição"). *Thompson*, 487 U.S. 868-869, n. 4., (*Scalia, J., divergindo*).

[158] 539 U.S. 306 (2003).

[159] 539 U.S. 344 (2003).

A decisão paradigmática sobre essa matéria, devido às suas significativas inovações,[160] foi *Lawrence* v. *Texas*,[161] outro caso julgado em 2003. Em *Lawrence*, a Suprema Corte derrubou uma lei do Texas que criminalizava a sodomia e explicitamente superou o precedente de *Bowers* v. *Hardwick*.[162] No seu voto majoritário, o *Justice* Anthony M. Kennedy argumentou que "o raciocínio e a tese jurídica que se extrai de *Bowers* têm sido rejeitados em outros lugares", citando a decisão da Corte Europeia de Direitos Humanos em *Drudgeon* v. *United Kingdom*.[163] Ele acrescentou que "outras nações têm realizado ações coerentes com a afirmação da proteção dos direitos dos homossexuais adultos se engajarem em condutas íntimas consensuais".[164] Em uma dura divergência, coerente com suas visões expressas em *Atkins*, o *Justice* Scalia criticou o debate sobre pontos de vista estrangeiros como "dados sem sentido" e acrescentou que a Corte "não deve impor aos americanos, humores, manias ou modas estrangeiras".[165] Assumindo outra postura, a *Justice* Sandra Day O'Connor louvou as referências ao direito estrangeiro e internacional em diversos discursos e comentários seus.[166] Em uma decisão de 2005, *Roper* v. *Simmons*,[167] o *Justice* Kennedy fez novas menções às visões estrangeiras para reconhecer a "contrariedade da opinião pública internacional no que se refere à condenação de jovens à morte", acrescentando que "a opinião da comunidade internacional, embora não vincule nosso resultado, oferece respeito e apoio significativo para as nossas próprias conclusões".[168] Em suas sabatinas no

---

[160] Linda Greenhouse. In a momentous term, justices remake the law, and the Court. *The NewYork Times*, 1 Jul. 2003, p. A1 ("[Os *Justices*] têm demonstrado uma nova atenção para os desenvolvimentos jurídicos no resto do mundo e para o papel da Corte em manter os Estados Unidos afinados com eles").

[161] 539 U.S. 558 (2003).

[162] 478 U.S. 176 (1986).

[163] 478 U.S. 576 (1986).

[164] 478 U.S. 576 (1986).

[165] 478 U.S. 598 (1986). (*Scalia, J., acompanhado por Rehnquist, C.J., e Thomas, divergindo*).

[166] Em um discurso proferido no *Southern Center for International Studies* no dia 28 de outubro de 2003, a *Justice* O'Connor disse: "As impressões que criamos neste mundo são importantes e podem deixar a sua marca (...) Fala-se hoje sobre a 'internacionalização das relações jurídicas'. Já estamos vendo isso nas cortes americanas, e devemos vê-lo cada vez mais no futuro. Isso não significa, é claro, que as nossas cortes possam ou devam abandonar seu caráter de instituições nacionais. Mas, conclusões alcançadas por outros países e pela comunidade internacional, embora não formalmente vinculantes para as nossas decisões, deveriam, por vezes, exercer uma força persuasiva nas cortes americanas — o que às vezes é chamado de 'transjudicialismo'". V. *Remarks at the Southern Center for International Studies*. Disponível em: <http://www.southerncenter.org/OConnor_transcript.pdf>.

[167] 543 U.S. 551 (2005).

[168] 543 U.S. 551 (2005).

Senado Federal americano, tanto o atual *Chief Justice* John Roberts quanto o *Justice* Samuel Alito expressaram contrariedade ao uso dessas referências. Apesar disso, as ameaças legislativas de proibir a utilização de direito estrangeiro pelo Poder Judiciário e de tornar essa prática uma infração passível de *impeachment* acabaram não ganhando impulso.[169] Fica claro, portanto, que duas diferentes abordagens "desconfortavelmente coexistem"[170] no interior da Suprema Corte: a "jurisprudência nacionalista", que rejeita qualquer referência a precedentes estrangeiros e internacionais; e a "jurisprudência transnacional", que permite tais referências. Deveria prevalecer a segunda abordagem, que é mais cosmopolita, progressista e "venerável".[171]

III. A DIGNIDADE HUMANA NOS ESTADOS UNIDOS DA AMÉRICA

Não há referência expressa à dignidade humana no texto da Constituição dos Estados Unidos.[172] Apesar disso, desde meados dos anos 1940, esse conceito tem ganhado influência na jurisdição constitucional americana,[173] seguindo a tendência mundial descrita acima. Embora a Suprema Corte dos Estados Unidos tenha usado o termo "dignidade" em alguns poucos casos anteriores,[174] é geralmente reconhecido que

---

[169] V. Charles Lane. Scalia tells congress to mind its own business. *Washington Post*, 19 May. 2006, Disponível em: <http://www.washingtonpost.com/wp-dyn/content/article/2006/05/18/AR2006051801961.html>.

[170] Harold Hongju Koh (International law as part of our law. *Faculty Scolarship Series*, Paper 1782, 2004, p. 52. Disponível em: <http://digitalcommons.law.yale.edu/fss_papers/1782/>).

[171] Harold Hongju Koh (International law as part of our law, *Faculty Scolarship Series*, Paper 1782, 2004, p. 52. Disponível em: <http://digitalcommons.law.yale.edu/fss_papers/1782/>).

[172] No caso dos estados, a Constituição de Montana possui uma cláusula explícita sobre a dignidade humana. Trata-se do Artigo III, Seção 4, que dispõe: "Dignidade individual. A dignidade do homem é inviolável (...)". V. Vicki C. Jackson (Constitutional dialogue and human dignity: states and transnational constitutional discourse, *Montana Law Review*, n. 65, 2004, p. 28), onde ela ressalva que apesar dessa presença na constituição de Montana por mais de 30 anos, a cláusula da dignidade humana "tem desempenhado um papel secundário e na melhor das hipóteses complementar, nos casos em que ela tem aparecido".

[173] Gerald L. Neuman. Human dignity in United States constitutional law. *In*: SIMON, Dieter; WEISS, Manfred (Ed.). *Zur Autonomie des Individdums*. 2000. p. 270. ("O conceito de dignidade humana tem desempenhado um papel significativo na interpretação dos direitos constitucionais dos Estados Unidos durante a metade final do século XX").

[174] V. *Chisholm* v. *Georgia*, 2 U.S. (2 Dall.) 419 (1793), p. 455, onde o *Justice* Wilson escreveu: "um Estado, útil e valioso como um artifício o é, é um artifício inferior do homem; e da dignidade nativa desse homem deriva toda a sua importância adquirida". Em *Brown* v. *Walker*, 161 U.S. 591 (1896) (*Field, J., divergindo*), p. 632, o *Justice* Field declarou em seu voto vencido que "os sentimentos de autorrespeito, liberdade, independência e dignidade têm

apenas com as dissidências do *Justice* Frank Murphy em *Screws*,[175] *Yamashita*[176] e *Korematsu*,[177] o conceito foi expandido para incluir as noções de dignidade do homem, assim como de dignidade humana, de forma mais geral. A primeira aparição da expressão "dignidade humana" em um voto majoritário foi em *Rochin* v. *Califórnia*.[178] Embora alguns votos da Suprema Corte ainda façam referência à dignidade principalmente no contexto de imunidade soberana, isto é, no sentido de *dignidade do Estado*,[179] análises estatísticas mostram crescimento no emprego da expressão "dignidade humana" desde o fim do século

---

habitado os corações dos povos de língua inglesa há séculos". Em *Adamson* v. *California*, 332 U.S. 46 (1947), p. 62 (*Frankfurter J., concordando*), o *Justice* Felix Frankfurter fez referência aos "juízes que estão alertas na salvaguarda e promoção dos interesses da liberdade e da dignidade humana através do direito".

175 *Screws* v. *United States*, 325 U.S. 91 (1945). Este caso envolveu o julgamento de um xerife local por espancar um homem negro até a morte. O *Justice* Murphy mencionou em seu voto vencido o "justo tratamento que convém à dignidade do homem, uma dignidade que é reconhecida e garantida pela Constituição" (*Murphy, J., divergindo*, p. 135).

176 *In re* Yamashita, 327 U.S. 1 (1946). Aparentemente, esta foi a primeira vez que a expressão *dignidade humana* apareceu, como tal, no repertório de jurisprudência da Suprema Corte dos Estados Unidos. V. Vicki C. Jackson (Constitutional dialogue and human dignity: States and transnational constitutional discourse, *Montana Law Review*, n. 65, p. 16, 2004). O caso envolveu o julgamento e a condenação à morte de um general japonês por falhar em impedir que crimes de guerra fossem cometidos pelas tropas sob seu comando. O *Justice* Murphy escreveu em seu voto vencido: "Se nós vamos desenvolver uma comunidade internacional ordeira, baseada no reconhecimento da dignidade humana, é da maior importância que a punição necessária para aqueles culpados de atrocidades seja tão livre quanto possível do repugnante estigma da vingança e do rancor" (*Murphy, J., divergindo*, p. 29).

177 *Korematsu* v. *United States*, 323 U.S. 214, decisão que manteve uma determinação do Poder Executivo que confinou nipo-americanos em campos de internação durante a Segunda Guerra Mundial. Em seu voto vencido, o *Justice* Murphy criticou a suspeita generalizada de deslealdade coletiva e declarou que "conceder aprovação constitucional para essa inferência, neste caso, inobstante quão bem-intencionado possa ter sido o comando militar da Costa Oeste, é o mesmo que adotar uma das lógicas mais cruéis dos nossos inimigos para destruir a dignidade do indivíduo e encorajar a abertura dos portões para ações discriminatórias contra grupos minoritários baseadas em paixões futuras".

178 342 U.S. 165, 174 (1952). Este caso envolveu o uso da força e de dispositivos médicos para fazer um suspeito vomitar cápsulas que ele havia engolido, a fim de usá-las como provas contra ele. Ao anular a condenação sob o argumento de que ela se deu através de métodos que violaram a cláusula do devido processo, a Corte sustentou que "não constitui uma justa interpretação dessas decisões, entender que elas autorizam o uso da força tão brutal e excessivo para a dignidade humana na obtenção de evidências de um suspeito, como é revelada por este registro". V. Vicki C. Jackson, Constitutional Dialogue and Human Dignity: States and Transnational Constitutional Discourse, *Montana Law Review*, n. 65, 2004, p. 16, n. 7 ("A primeira aparição da expressão *dignidade humana* em um voto majoritário parece ter se dado em *Rochin* v. *California*").

179 V. Alden v. Maine, 527 U.S. 706 (1999). V. também Judith Resnik & Julie C. Suk, Adding Insult to Injury: Questioning the Role of Dignity in Conceptions of Sovereingty, *Stan. L. Rev.*,n. 55, 2003, p. 1921. Os autores reconhecem que "dada a ligação inseparável da dignidade à personalidade humana, a insistência da Suprema Corte em atribuir dignidade aos estados é vista por alguns como insincera ou detestável".

XX.[180] Alguns autores relacionam esse fato com a presença do *Justice* William Brennan na Corte e com sua visão da dignidade humana como um valor básico, um princípio constitucional e uma fonte de direitos e liberdades individuais.[181] Como será visto nos precedentes discutidos abaixo, contudo, a dignidade humana nunca foi considerada, na argumentação dos membros da Suprema Corte, como um direito fundamental particular ou autônomo, mas sim como um valor subjacente, tanto aos direitos expressos quanto aos não enumerados, como os direitos à privacidade e à igualdade, à proteção contra penas cruéis e incomuns e contra a autoincriminação, entre outros. Portanto, o papel da dignidade humana tem sido, principalmente, o de informar a interpretação de direitos constitucionais específicos.[182]

Maxine D. Goodman identificou oito categorias de casos nos quais a Suprema Corte tem expressamente associado a dignidade humana com exigências constitucionais específicas,[183] às vezes fundamentando as suas decisões na necessidade de promover a dignidade humana, e outras vezes rejeitando a prevalência desse argumento. Essas categorias são:

1. A defesa da liberdade pela Décima Quarta Emenda, e o correspondente direito à privacidade quanto ao casamento, contracepção, atos íntimos e procriação;
2. A igualdade perante a lei prevista na Décima Quarta Emenda no que se refere ao igual acesso à educação e a locais de acesso público;
3. A proibição pela Quinta Emenda da produção obrigatória de provas por uma pessoa contra ela mesma;
4. A proteção da Quarta Emenda contra buscas e apreensões arbitrárias;
5. A proteção da Quinta Emenda contra penas cruéis e incomuns;

---

[180] V. Jordan J. Paust (Human dignity as a constitutional right: a jurisprudentially based inquiry into criteria and content, *Howard L.J.*, n. 27, p. 145, 1984); e Maxima D. Goodman (Human dignity in Supreme Court constitutional jurisprudence, *Nebraska Law Review*, n. 84. p. 756, 2005-2006) ("De 1980 até 2000, a Corte incluiu a palavra 'dignidade', relacionada com dignidade humana ou com dignidade individual, em 91 votos — sejam eles majoritários, concorrentes ou dissidentes").

[181] V. Stephen J. (Law and human dignity: the judicial soul of Justice Brennan, *William & Mary Bill of Rights*, v. 7, p. 223, 228, 233, 235, 1998-1999,); e também Seth Stern & Stephen Wermiel (*Justice Brennan*: liberal champion, 2010. p. 409-433).

[182] Gerald L. Neuman (Human dignity in United States constitutional law. *In*: SIMON, Dieter; WEISS, Manfred (Ed.). *Zur Autonomie des Individdums*. 2000. p. 271).

[183] Maxima D. Goodman, Human dignity in Supreme Court constitutional jurisprudence, *Nebraska Law Review*, n. 84, p. 757, 2005-2006.

6. A prerrogativa individual, decorrente da cláusula da igual proteção ou do devido processo legal, previstas na Décima Quarta Emenda, de escolher como e quando morrer, nos casos em que a morte é iminente;
7. O direito, decorrente da cláusula da igual proteção ou do devido processo legal, previstas na Décima Quarta Emenda, de receber assistência econômica do governo;
8. A defesa da liberdade de expressão e de discurso pela Primeira Emenda e o direito contraposto de um indivíduo proteger sua imagem pública.[184]

É no contexto do *direito à privacidade*, decorrente da proteção da liberdade pela Décima Quarta Emenda, que a dignidade humana provavelmente tem exercido uma função de maior destaque na jurisprudência da Suprema Corte. É verdade que a dignidade não foi expressamente invocada nos primeiros casos paradigmáticos do tema, como *Griswold* v. *Connecticut*,[185] que invalidou uma lei que proibia o uso de contraceptivos por pessoas casadas, e *Roe* v. *Wade*,[186] que assegurou o direito da mulher realizar um aborto nos dois primeiros trimestres[187] da gravidez. Mesmo assim, pode-se claramente deduzir do raciocínio da Corte em ambos os casos que as ideias centrais subjacentes à dignidade — autonomia e liberdade para realizar escolhas pessoais — foram essenciais para essas decisões. Alguns autores chegam a sustentar que a privacidade é um "termo impróprio" e que a dignidade é uma expressão mais adequada para o direito em questão.[188] Em um caso posterior sobre o aborto, que parcialmente superou *Roe* v. *Wade* e reviu o enquadramento constitucional que rege essa matéria, *Planned Parenthood of Southeastern Pennsylvania* v. *Casey*,[189] o voto conjunto dos *Justices* O'Connor, Kennedy e Souter[190] explicitamente mencionaram

---

[184] Maxima D. Goodman, Human dignity in Supreme Court constitutional jurisprudence, *Nebraska Law Review*, n. 84, p. 757, 2005-2006.

[185] 381 U.S. 479 (1965). Essa decisão criou um novo direito fundamental — o direito à privacidade — emanado das penumbras do *Bill of Rights*, e que protege as relações matrimoniais da intromissão do Estado. De acordo com a visão expressa no presente artigo, a dignidade humana é a verdadeira fonte dos direitos fundamentais não enumerados.

[186] 410 U.S. 113 (1973).

[187] Durante o segundo trimestre de gravidez, *Roe* permitiu que os estados regulassem o aborto quando necessário para proteção da saúde da mulher. 410 U.S. 163.

[188] V. Jeremy M. Miller (Dignity as a new framework, replacing the right to privacy. *Thomas Jefferson Law Review*, v. 30, p. 1, 4, 2007-2008).

[189] 505 U.S. 833 (1992).

[190] 505 U.S. 851 (1992): "Essas questões, envolvendo as escolhas mais íntimas e pessoais que a pessoa pode tomar durante a sua vida, escolhas centrais para a *dignidade* pessoal e para a

a dignidade humana, assim como o *Justice* Stenvens em um voto em separado[191] e o *Justice* Scalia em uma dissidência incisivamente redigida.[192] Em *Stenberg* v. *Carhart*,[193] outro caso sobre o aborto, o *Justice* Stephen Breyer, escrevendo pela Corte, também citou o conceito de dignidade.[194] Contudo, foi em *Lawrence* v. *Texas*,[195] a decisão que superou *Bowers* v *Hardwick*[196] e assegurou o direito de intimidade sexual para casais homoafetivos, que a dignidade humana teve seu papel de maior relevo em um caso julgado pela Corte. Ao redigir o voto majoritário, o *Justice* Anthony M. Kennedy invocou a dignidade humana em diferentes passagens do texto:[197]

> É suficiente para nós reconhecer que os adultos podem optar por entrar nessa relação nos confins de suas casas e de suas próprias vidas privadas e ainda manter a sua dignidade como pessoas livres...
>
> (Citando *Casey*) Estas questões, envolvendo as escolhas mais íntimas e pessoais que uma pessoa pode fazer na sua vida, escolhas centrais para a dignidade pessoal e para a autonomia, são centrais para a liberdade protegida pela Décima Quarta Emenda...

---

autonomia, são centrais também para a liberdade protegida pela Décima Quarta Emenda. No coração da liberdade está o direito de cada pessoa definir seu próprio conceito de existência, de sentido, do universo, e do mistério da vida humana. Crenças sobre essas questões não poderiam definir os atributos da personalidade caso fossem constituídas sob coerção do Estado" (destaque acrescentado).

[191] 505 U.S. 916 (1992). (*Stevens J., concordando em parte e divergindo em parte*): "A autorização para tomar decisões tão traumáticas, ainda que imprescindíveis, é um elemento da *dignidade humana* básica. Como o voto conjunto tão eloquentemente demonstra, a decisão de uma mulher interromper sua gravidez não é nada menos do que uma questão de consciência" (destaque acrescentado).

[192] O *Justice* Scalia cita diversos casos nos quais a palavra dignidade foi mencionada pelos seus colegas, ao lado de outras (como autonomia e integridade corporal), para concluir que "o melhor que a Corte pode fazer para explicar como a palavra 'liberdade' deve ser interpretada para incluir o direito de destruir fetos humanos é brandir uma coleção de adjetivos que simplesmente ornamentam um juízo de valor e camuflam um julgamento político".

[193] 530 U.S. 914 (2000). É interessante notar que, embora nesse caso a Corte tenha derrubado uma restrição sobre determinadas formas de aborto, em um caso posterior, *Gonzales* v. *Cahart*, 550 U.S. 124 (2007), ela manteve uma restrição similar, mesmo sem rejeitar explicitamente o precedente de *Stenberg*.

[194] 530 U.S. 920 (2000): "Outros milhões temem que uma lei que proíba o aborto seja o mesmo que condenar muitas mulheres americanas a uma vida em que falta *dignidade*, privando-as da igual liberdade e levando aquelas com menos recursos a se submetem a abortos ilegais, com os respectivos riscos de morte e sofrimento" (destaque acrescentado).

[195] 539 U.S. 558 (2003).

[196] 478 U.S. 186 (1986).

[197] Reva Siegel tem realizado uma profunda análise a respeito da invocação da dignidade pelo *Justice* Kennedy, mostrando três diferentes usos para o termo: dignidade como vida, dignidade como liberdade, e dignidade como igualdade. V. Reva Siegel (Dignity and politics of protection: abortion restriction under Casey/Carhart, *Yale Law Journal*, n. 117, p. 1694, 1736-1745, 2008).

Esse crime, certamente, é apenas uma contravenção classe C, um delito menor no sistema legal do Texas. Ainda assim, continua a ser um crime com todas as consequências que daí derivam para a dignidade das pessoas acusadas.[198]

Do mesmo modo, embora o direito à igualdade, que está previsto na Décima Quarta Emenda, ratificada em 1868, tenha experimentado uma história turbulenta, ele também vem pendendo gradualmente para a direção da democracia e da dignidade humana. No início do século XIX o direito ao voto era limitado pela raça, gênero e exigências de propriedade na maioria dos estados norte-americanos.[199] Ao longo do século XX, os direitos das mulheres foram progressivamente conquistados: do direito ao sufrágio, que veio com a Décima Nona Emenda em 1920,[200] até direitos a tratamento igual aos homens, obtidos de maneira fragmentada em casos como *Reed* v. *Reed*[201] e *Frontiero* v. *Richardson*.[202] Essas duas decisões não mencionaram a dignidade humana na sua fundamentação, mas, por outro lado, alguns outros precedentes que lidaram diretamente com discriminação sexual se referiram expressamente a esse conceito.[203] A ideia de dignidade humana, todavia, se tornou mais importante no contexto da discriminação racial. Em *Brown* v. *Board of Education*,[204] uma das mais celebradas decisões judiciais da história dos Estados Unidos, a Suprema Corte não se referiu expressamente à dignidade humana. Todavia, já foi devidamente reconhecido que esse conceito claramente esteve subjacente àquela decisão unânime

198 539 U.S. 558, 567, 574, 577 (2003).

199 Gerald L. Neuman (Human dignity in United States constitutional law. *In*: SIMON, Dieter; Manfred Weiss (Ed.). *Zur Autonomie des Individdums*. 2000. p. 253). Sobre as questões envolvendo propriedade e sufrágio, v. Robert J. Steinfeld (Property and suffrage in the early american republic. *Stanford Law Review*, n. 41, p. 335, 1989).

200 Constituição dos EUA, Emenda XIX: "O direito de voto dos cidadãos dos Estados Unidos não será negado ou cerceado em nenhum Estado em razão do sexo. O Congresso terá competência para, mediante legislação adequada, executar este artigo".

201 404 U.S. 71 (1971) (declarando a inconstitucionalidade de uma lei estadual que estabelecia que os homens tivessem prioridade sobre as mulheres nas nomeações dos administradores estaduais).

202 411 U.S. 677 (1973) (declarando a inconstitucionalidade de regras que permitiam aos membros masculinos das forças armadas declarar as suas esposas como dependentes, enquanto as militares mulheres não podiam fazer o mesmo em relação aos seus maridos).

203 *J.E.B.* v. *Alabama ex rel.*, 511 U.S. 127, 141 (sustentando que rejeitar um jurado somente com base no gênero "viola a dignidade do jurado excluído") e *Robert* v. *United States Jaycees*, 469 U.S. 609, 625 (mantendo uma lei estadual que obrigava algumas associações a aceitarem mulheres como membros regulares).

204 347 U.S. 483 (1954).

que proibiu a segregação nas escolas públicas,[205] na qual o *Justice* Warren, escrevendo pela Corte, declarou que "a política de separação de raças é normalmente interpretada como denotativa da inferioridade dos negros".[206] Dez anos depois em *Heart of Atlanta Motel, Inc.* v. *United States*,[207] um caso envolvendo discriminação no acesso à acomodações de hotel, a Corte fez duas referências à dignidade no mesmo momento em que manteve a Lei dos Direitos Civis. Foi em uma decisão posterior, contudo, que a Corte tornou ainda mais clara a lógica que estava implícita nas suas decisões sobre discriminação racial desde Brown: classificações baseadas na raça "aviltam a dignidade e o valor da pessoa".[208]

A terceira categoria de casos em que a dignidade humana tem sido mobilizada corresponde à proteção contra a autoincriminação conferida pela Quinta Emenda ("ninguém será obrigado em qualquer processo criminal a servir de testemunha contra si mesmo"). No paradigmático caso *Miranda* v. *Arizona*,[209] a Suprema Corte decidiu que os suspeitos em investigações criminais devem ser informados dos seus direitos de consultar um advogado, permanecer em silêncio e não produzir provas contra si mesmos. Em um voto do *Chief Justice* Warren, a Corte afirmou que o ambiente do interrogatório, mesmo na ausência de intimidação física, é "destrutivo da dignidade humana".[210] A maioria acrescentou que "o fundamento constitucional subjacente ao direito é o respeito que o governo — estadual ou federal — deve ter para com a dignidade e a integridade dos seus cidadãos".[211] Adotando uma perspectiva inteiramente diferente, os *Justices* dissidentes afirmaram incisivamente que a dignidade humana deveria ser utilizada como um argumento para promover os interesses das vítimas e da sociedade.[212]

---

[205] V. William A. Parent (Constitutional values and human dignity. *In*: MEYER, Michal J.; PARENT, William A. (Ed.). *The constitution of rights, human dignity and american values*. 1992. p. 59): "Nesses casos de segregação, os membros da nossa mais elevada Corte exibiram uma preocupação genuína com o valor da dignidade humana. Eles podem não ter articulado os seus votos na linguagem da dignidade humana, mas o ultraje por eles expressado diante do insidioso menosprezo dirigido aos negros pelo governo é mais claro e persuasivamente formulado pelo apelo direto a esse poderoso conceito".

[206] 347 U.S. 483, 494 (1954).

[207] 379 U.S. 241 (1964).

[208] *Rice* v. *Cayetano*, 528 U.S. 495, 517 (2000).

[209] 384 U.S. 436 (1966).

[210] 384 U.S. 457 (1966).

[211] 384 U.S. 460 (1966).

[212] 384 U.S. 537, 539, 540, 542 (1966). (*Harlan, J., acompanhado por Stewart, J. e White, J., divergindo*): "Mais do que a dignidade humana do acusado está envolvida; a personalidade humana de outros na sociedade também deve ser preservada. Assim, os valores refletidos pela proteção não são o único objetivo; o interesse da sociedade na segurança geral possui o mesmo peso

Embora a dignidade humana tenha continuado a desempenhar um papel em casos da Quinta Emenda, o fato é que ela tem perdido parte do seu vigor com o passar do tempo. A proteção contra a autoincriminação, desse modo, tem sido interpretada de uma forma mais restrita, e a Corte tem decidido que ela não se aplica nas situações em que as sanções legais envolvidas não são "penais" no sentido da Quinta Emenda,[213] que ela não proporciona proteção contra a extração compulsória de sangue de um suspeito de dirigir alcoolizado,[214] e que ela não impede que se obrigue uma pessoa, alvo de investigação por um grande júri federal, a assinar autorização para que um banco estrangeiro exiba os registros de sua conta bancária.[215] Em *United States* v. *Balsys*, a Corte se recusou a reconhecer essa proteção no caso de um imigrante que desejava permanecer em silêncio diante do risco de ser submetido a uma persecução criminal efetuada por outro país.[216]

Nos casos envolvendo a proibição de buscas e apreensões arbitrárias, decorrente da Quarta Emenda ("O direito do povo à inviolabilidade de suas pessoas, casas, papéis e propriedades, contra buscas e apreensões, não deve ser violado"), uma decisão de 1952, *Rochin* v. *California*[217] estabeleceu uma conexão direta entre as formas pelas quais as provas são obtidas e a dignidade humana. A Corte considerou que o bombeamento compulsório do estômago do recorrente para extrair cápsulas de drogas violava a cláusula do devido processo da Décima Quarta Emenda. O *Justice* Felix Frankfurter redigiu a decisão pela Corte

(...) Sem o desempenho razoavelmente eficaz da tarefa de impedir a violência privada e a retaliação, é inútil falar sobre dignidade humana e valores civilizados (...). A apreensão rápida e certeira de quem se recusa a respeitar a segurança pessoal e a dignidade alheia, inquestionavelmente produz impactos sobre outros que poderiam ser tentados a agir da mesma forma (...). Em um número indefinido de casos, a determinação da Corte irá devolver um assassino, um estuprador ou outro criminoso às ruas e ao ambiente que o produziu, para repetir o seu crime sempre que lhe aprouver. Como consequência, não haverá um ganho, mas uma perda, na dignidade humana...".

[213] V. *Allen* v. *Illinois*, 478 U.S. 364 (1986). Neste caso, o recorrente foi declarado uma pessoa sexualmente perigosa, no sentido estabelecido pela Lei de Pessoas Sexualmente Perigosas, de Illinois. A Corte rejeitou o argumento apresentado pelo recorrente, segundo o qual os psiquiatras que testemunharam haviam extraído informações dele, o que implicaria em uma violação do seu direito contra a autoincriminação. A Corte considerou que os procedimentos previstos na Lei não eram "criminosos" no sentido da proteção proferida pela Quinta Emenda contra a autoincriminação.

[214] *Schmerber* v. *California*, 384 U.S. 757 (1966).

[215] *Doe* v. *United States*, 487 U.S. 201 (1988).

[216] 524 U.S. 666 (1998). O réu era suspeito de atividades nazistas durante a Segunda Guerra Mundial e suas respostas poderiam tê-lo submetido a processos criminais da Lituânia, Israel e Alemanha.

[217] 342 U.S. 165 (1952).

e ressaltou que tal conduta era "tão brutal e ofensiva para a dignidade humana" que "choca a consciência".[218] Essa foi a primeira vez que a dignidade humana exerceu uma função em um voto majoritário da Suprema Corte.[219] Apesar da decisão da Corte em *Schmerber*,[220] o caso envolvendo exame de sangue compulsório, preocupações a respeito da dignidade humana prevaleceram até meados dos anos 1980. Em *Winston* v. *Lee*,[221] por exemplo, a Corte julgou inconstitucional forçar um indivíduo a se submeter a um procedimento cirúrgico para remover uma bala alojada em seu corpo que poderia servir de prova contra ele. O voto majoritário, redigido pelo *Justice* Brennan, considerou a "dignidade do interesse do indivíduo em privacidade pessoal e integridade sanguínea" como um fator para se determinar a razoabilidade da intromissão.[222] No entanto, o destino da dignidade humana na linha de casos relacionados com a aplicação da Quarta Emenda se tornou mais sombrio a partir da segunda metade da década de 1980, depois da deflagração da "guerra contra as drogas". Depois disso, em uma série de casos, a Corte considerou que a dignidade humana deveria ser preterida em nome de interesses relevantes do Estado.[223]

A quinta categoria de casos que relaciona a dignidade humana com exigências constitucionais diz respeito à proteção conferida pela Oitava Emenda contra penas cruéis e incomuns ("Não poderão ser exigidas fianças exageradas, nem impostas multas excessivas ou penas cruéis ou incomuns"). Todavia, a utilização da dignidade humana nesse contexto não correspondeu às expectativas, especialmente no que se refere à pena de morte. Em *Trop* v. *Dulles*,[224] um caso de 1958 no qual a Suprema Corte invalidou a aplicação da pena de desnacionalização a condenados como desertores de guerra, em razão de seu caráter cruel e incomum, o *Chief Justice* Earl Warren, escrevendo pela Corte, afirmou

---

[218] 342 U.S. 174 (1952).

[219] V. nota 178.

[220] *Schmerber* v. *California*, 384 U.S. 757 (1966).

[221] 470 U.S. 753 (1984).

[222] 470 U.S. 761 (1984).

[223] V. *Skinner* v. *Railway Labor Executives' Ass'n*, 489 U.S. 602 (1988) (mantendo a exigência de exames aleatórios de sangue e urina em funcionários ocupantes de cargos sensíveis de segurança). Os *Justices* Marshall e Brennan divergiram, invocando "privacidade pessoal e dignidade". *Id.*, p. 644; *National Treasury Employees Union* v. *Von Raab*, 489 U.S. 656 (1989), decidido no mesmo dia que *Skinner* (mantendo a imposição de testes de drogas em funcionários com envolvimento direto nos programas de combate às drogas). Os *Justices* Brennan, Marshall, Scalia e Stevens divergiram; e *United States* v. *Montoya de Hernandez*, 473 U.S. 531 (1985) (acolhendo provas obtidas a partir de um exame retal, que revelou a presença de balões de cocaína no tubo digestivo). Os *Justices* Brennan e Marshall divergiram.

[224] 356 U.S. 86 (1958).

que "o conceito básico subjacente à Oitava Emenda não é nada mais do que a dignidade do homem".[225] Numerosas decisões da Suprema Corte e de cortes federais têm citado essa frase ao longo dos anos.[226] Também em *Trop*, a maioria sustentou que o significado da Oitava Emenda não era estático e que seria determinado pelos "padrões evolutivos de decência que caracterizam o progresso de uma sociedade madura".[227] Quatro décadas depois em *Hope* v. *Pelzer*,[228] a Corte se baseou mais uma vez na dignidade humana para decidir contra o uso de um poste em uma prisão estadual, onde os detentos ficavam imobilizados por longos períodos de tempo. Contudo, quando se trata da pena de morte, a Corte fica longe de declarar sua inconstitucionalidade, apesar de reconhecer a existência de argumentos "convincentes". Nas palavras do *Chief Justice* Warren

> Quaisquer que sejam os argumentos contra a pena capital, tanto em uma perspectiva moral quanto em termos de realização dos propósitos da pena — e eles são convincentes —, a pena de morte tem sido empregada ao longo da história e, em dias em que ela é amplamente aceita, não pode ser tida como violadora do dispositivo constitucional que impede penas cruéis.[229]

Independentemente desse ponto de vista, em *Furman* v. *Georgia*,[230] a opinião da Corte, obtida por 5 a 4, foi no sentido de que essa espécie de punição, da maneira como aplicada em alguns estados[231] — sem o cuidado necessário, com os júris utilizando critérios incoerentes e, como observado em um voto do *Justice* Douglas acompanhando a maioria,[232] com impacto desproporcional sobre minorias —, era inconstitucional. Todos os nove *Justices* redigiram votos em separado, seja para concordar ou divergir. Apenas os *Justices* Brennan e Marshall explicitamente se alinharam à visão de que a pena capital é inconstitucional em todas as circunstâncias. O *Justice* Brennan, que havia declarado em um discurso público que a dignidade e o valor do indivíduo eram os "valores supremos

---

[225] 356 U.S. 100 (1958).

[226] Maxima D. Goodman (Human dignity in Supreme Court constitutional jurisprudence, *Nebraska Law Review*, n. 84, p. 773, 2005-2006).

[227] *Trop*, 356 U.S. 101.

[228] 536 U.S. 730 (2002).

[229] *Trop*, 356 U.S. 99.

[230] 408 U.S. 238 (1972).

[231] 408 U.S. 238 (1972).

[232] Furman, 408 U.S. P. 240 (*Douglas, J., concordando*).

da democracia americana",[233] escreveu no seu voto que "a morte está fatalmente condenada como uma ação ofensiva à dignidade humana".[234] Quatro anos mais tarde, porém, em *Gregg* v. *Georgia*,[235] decisão que contou com 7 votos contra 2, a Corte manteve a validade de uma nova versão da legislação penal do estado da Georgia, que continuava a prever a pena de morte. Escrevendo pela maioria, o *Justice* Stevens afirmou que a pena de morte "se harmoniza com o conceito básico de dignidade humana que está na essência da Oitava Emenda".[236] Como ficou claro nesse voto, o *Justice* Stevens entendia que os fins sociais de retribuição e de dissuasão sobrepujavam preocupações com a dignidade humana, embora ele tenha posteriormente mudado de posição quanto ao valor social da pena capital.[237] A dignidade, contudo, foi expressamente invocada em *Atkins* v. *Virginia*,[238] quando a Corte rejeitou como inconstitucional a execução de indivíduos com deficiência mental, assim como em *Roper* v. *Simmons*,[239] decisão que chegou à mesma conclusão nas hipóteses de condenados por crimes cometidos quando tinham menos de dezoito anos de idade.

No contexto da "morte com dignidade" — ou do "direito de morrer", uma expressão equivalente[240] — quando se trata doentes terminais,

---

[233] Seth Stern e Stephen Wermiel. *Justice Brennan*: liberal champion. 2010. p. 418.

[234] *Furman*, 408 U.S. 305.

[235] 428 U.S. 153 (1976).

[236] 428 U.S. 132 (1976), citando *Trop* v. *Dulles*, 356 U.S. 182.

[237] *Baze* v. *Rees*, 553 U.S. 35, 86 (2008) (*Stevens, J., concordando*) ("Em resumo, assim como o *Justice* White finalmente fundamentou sua decisão em *Furman* a partir de uma extensa exposição de inúmeros casos em que a pena de morte é autorizada, eu me baseei em minha própria experiência para chegar à conclusão de que a imposição da pena de morte representa 'a extinção inútil e desnecessária da vida, com contribuições apenas marginais para quaisquer finalidades públicas ou sociais discerníveis. Uma punição com retornos tão insignificantes para o Estado é patentemente excessiva, cruel e incomum, e representa uma violação da Oitava Emenda'. *Furman*, 408 U.S. 312 (*White, J., concordando*)". No fim das contas, além dos *Justices* Marshall, Brennan, e Stevens, os *Justices* Blackmun, Breyer e Souter também chegaram à conclusão de que a pena de morte viola a Constituição dos Estados Unidos. V. respectivamente, *Callins* v. *Collins*, 510 U.S. 1141, 1143 (1994) (*Blackmun, J. diss.* do indeferimento do *certioari*); *Ring* v. *Arizona*, 536 U.S. 584, 613 (2002) (*Breyer, J., conc.*); *Kansas* v. *Marsh*, 548 U.S. 163 (2006) (*Souter, J., diss.*).

[238] 536 U.S. 304 (2002).

[239] 543 U.S. 551 (2005).

[240] A expressão foi utilizada pelo *Justice* Rehnquist em *Cruzan* v. *Director, Missouri Department of Health*, 497 U.S. 261, 277 (1990) (Este é o primeiro caso em que fomos diretamente apresentados à questão de saber se a Constituição dos Estados Unidos garante aquilo que é, na linguagem comum, referido como um "direito de morrer"). A ideia de um direito de morrer é um tanto o quanto incômoda. (V. Luís Roberto Barroso A morte como ela é: dignidade e autonomia no final da vida. *In*: Tânia da Silva Pereira (Org.). *Vida, morte e dignidade humana*, p. 27, 60, 2009. "A morte é uma fatalidade, não uma escolha. Por esta razão, é difícil afirmar a existência de um direito de morrer").

passando por grande dor e sofrimento ou em estados vegetativos permanentes — a dignidade humana tem exercido uma função nos casos decididos pela Suprema Corte. Em *Cruzan* v. *Director Missouri Department of Health*,[241] a Corte proferiu uma decisão que negou autorização para o término de tratamento médico, solicitada pelos pais de uma jovem mulher mantida viva já há muitos anos em estado de coma vegetativo após um acidente automobilístico. A maioria considerou que "uma pessoa hígida possui uma liberdade constitucionalmente protegida de recusar tratamento médico",[242] mas, por outro lado, afirmou que a Constituição dos Estados Unidos não proíbe uma legislação estadual de estabelecer que uma pessoa mental ou fisicamente incapaz não possa exercer esse direito na ausência de uma "prova clara e convincente" de que é esse o seu desejo.[243] Em seu voto vencido, o *Justice* Brennan declarou que Nancy Cruzan era "titular do direito de escolher morrer com dignidade".[244] Poucos anos depois, a Suprema Corte negou a existência de um direito ao suicídio com auxílio médico nos casos *Washington* v. *Glucksberg*[245] e *Vacco* v. *Quill*.[246]. A Corte, então, tinha claramente traçado uma linha divisória entre o direito de recusar tratamento médico e o direito (não existente) ao suicídio assistido. O *Justice* Stevens ao considerar os pedidos do demandante centrais para a "dignidade e autonomia pessoais"[247] restou vencido em *Glucksberg*.

A sétima categoria de casos nos quais a dignidade humana tem sido referida corresponde às demandas por direitos sociais e econômicos. Em muitos países, a dignidade humana é o conceito que subjaz ao reconhecimento desses direitos, especialmente no que diz respeito à satisfação das necessidades básicas vitais. Nos Estados Unidos, as demandas por assistência econômica com base na cláusula da igual proteção e na do devido processo legal, ambas previstas na Décima Quarta Emenda, tiveram um destino inglório. A dignidade humana não foi capaz de superar a visão tradicional de que a Constituição dos Estados Unidos confere apenas direitos "negativos" e não "positivos"[248]

[241] 497 U.S. 261 (1990).
[242] 497 U.S. 278 (1990).
[243] 497 U.S. 284 (1990).
[244] 497 U.S. 302 (1990). (*Brennan, J., divergindo*).
[245] 421 U.S. 702 (1997).
[246] 521 U.S. 793 (1997).
[247] *Glucksberg*, 521 U.S. at 286 (*Stevens, J., divergindo* e citando *Planned Parenthood of Southeastern Pa.* v. *Casey*, 505 U.S. 833, 851 [1992]).
[248] V. *DeShaney* v. *Winnebago Co.*, 489 U.S. 189 (1989).

e, portanto, impede que os indivíduos sejam vistos como titulares de direitos sociais e econômicos,[249] garantindo a eles apenas proteção contra certas formas de intervenção estatal. O mais próximo que a Suprema Corte chegou de uma concepção da Constituição americana capaz de conferir direitos a prestações estatais positivas foi provavelmente no julgamento do caso *Goldberg* v. *Kelly*,[250] no qual ela sustentou que os beneficiários da assistência social não poderiam ter os seus benefícios revogados sem um contraditório justo. Pouco depois, em *Boddie* v. *Connecticut*,[251] a Corte decidiu que o devido processo impede um estado de negar acesso à justiça sob a justificativa de que o interessado não tem como pagar. Com exceção desses casos, contudo, a Corte tem ficado longe de reconhecer a existência de direitos econômicos e sociais que possam ser extraídos da Constituição, fato já observado em *Harris* v. *McRae*.[252] Em *McRae*, a Corte rejeitou a alegação de que a cláusula da igual proteção era violada ao se negar o acesso de mulheres pobres ao financiamento do *Madicaid* para a realização de abortos clinicamente necessários. Ao divergir de forma contundente, o *Justice* Marshall denunciou a visão majoritária como "o produto de um esforço para negar aos pobres o direito constitucional reconhecido em *Roe* v. *Wade*".[253] Seguiram-se muitos outros casos nos quais os interesses econômicos dos estados prevaleceram sobre passos afirmativos em direção à promoção da dignidade humana por meio do reconhecimento de direitos constitucionais.[254]

---

[249] V. Gerald L. Neuman (Human dignity in United States constitutional law. *In*: SIMON, Dieter; WEISS, Manfred (Ed.). *Zur Autonomie des Individdums*. 2000. p. 271).

[250] 397 U.S. 254 (1970). Para uma descrição detalhada do papel do *Justice* Brennan na construção da maioria neste caso — que ele posteriormente consideraria "talvez a realização mais orgulhosa de todo o seu período na Corte" — V. Seth Stern e Stephen Wermiel (*Justice Brennan*: liberal Champion. 2010. p. 336-44).

[251] 401 U.S. 371 (1971).

[252] 448 U.S. 297 (1980).

[253] 448 U.S. 338 (1980). (*Marshall, J., divergindo*).

[254] V. Matthew Diller. Poverty Lawyering in the golden age. *Michigan Law Review*, n. 93, 1995, p.1401, 1421. ("Ao longo dos últimos quinze anos, as decisões da Suprema Corte sobre temas de assistência pública têm predominantemente tomado a forma de reversões de decisões de instâncias inferiores em favor de pessoas pobres"). V. também *Sullivan* v. *Stroop*, 496 U.S. 478 (1990) (revertendo uma decisão do Quarto Circuito que derrubou uma norma restritiva da *AFDC*); *Sullivan* v. *Everhart*, 494 U.S. 83 (1990) (revertendo uma decisão do Décimo Circuito que derrubou uma norma restritiva do Programa de Renda Suplementar de Segurança); *Lyng* v. *International Union, UAW*, 485 U.S. 360 (1988) (revertendo uma decisão de instância inferior que invalidou uma restrição sobre elegibilidade ao vale-refeição); *Bowen* v. *Gilliard*, 483 U.S. 587 (1987) (revertendo uma decisão de corte distrital que derrubou uma lei restritiva da *AFDC*); *Bowen* v. *Yuckert*, 482 U.S. 137 (1987) (revertendo uma decisão do Nono Circuito que derrubou uma norma restritiva na administração de

Por fim, a Corte tem mencionado a dignidade humana em alguns casos envolvendo a defesa e preservação da reputação, especialmente quando confrontada com a proteção do discurso, conferida pela Primeira Emenda. Como defendido na presente reflexão, a dignidade humana está na base dos diversos direitos fundamentais e consubstancia parte do núcleo essencial desses direitos. Desse modo, pode haver casos em que os direitos vão colidir e, consequentemente, a dignidade humana poderá ser razoavelmente invocada pelos dois lados em disputa. Quando isso acontece, a Corte terá que decidir, em situações concretas, qual resultado melhor concretiza os valores constitucionais e os interesses protegidos. Esse é o cenário aqui. A liberdade de expressão é uma das manifestações mais claras da autonomia pessoal e é intimamente relacionada com a dignidade humana, o que a Suprema Corte já reconhece há muito tempo.[255] Por outro lado, a Corte também tem reconhecido a importância da dignidade humana como a base para proteção da reputação de um indivíduo. No seu voto concorrente em *Rosenblatt* v. *Baer*,[256] o *Justice* Stewart declarou que:

> O direito de um homem ter protegida a sua própria reputação contra invasões injustificadas e danos injustos reflete não mais do que nossa concepção básica de que cada ser humano possui um valor e uma dignidade essencial — uma concepção que está na raiz de qualquer sistema decente de liberdade ordenada.[257]

---

programas de benefícios por invalidez); e *Lukhard* v. *Reed*, 481 U.S. 368 (1987) (revertendo uma decisão do Quarto Circuito que invalidou uma norma restritiva da *AFDC*).

[255] V. *Whitney* v. *California*, 274 U.S. 357, 375-77 (1927) (*Brandeis, J., concordando*) ("Aqueles que conquistaram a nossa independência acreditavam que a finalidade principal do Estado era tornar os homens livres para desenvolverem suas faculdades (...) Eles valorizavam a liberdade tanto como um fim, tanto como um meio"). Embora a palavra "dignidade" não tenha sido mencionada, ela está claramente implícita. Ela foi expressamente mencionada, contudo, em *Cohen* v. *California*, 403 U.S. 15, 24 (1971) ("O direito constitucional da liberdade de expressão é um poderoso remédio em uma sociedade tão populosa e diversificada como a nossa. Ele (...) vai produzir uma cidadania mais capaz e um governo mais perfeito e (...) nenhuma outra abordagem seria mais compatível com a premissa da dignidade e escolha individuais sobre a qual o nosso sistema político repousa"). Neste último caso, a Suprema Corte reverteu a condenação do recorrente por vestir uma jaqueta com as palavras "Fuck the Draft" num corredor de uma corte de Los Angeles.

[256] 383 U.S. 75 (1966).

[257] 383 U.S. 92 (1966) Essa passagem tem sido citada e aprovada por diversos *Justices* em casos subsequentes, como observado por Gerald L. Neuman (Human dignity in United States constitutional law. *In*: SIMON, Dieter; WEISS, Manfred (Ed.). *Zur Autonomie des Individdums*. 2000. p. 269) onde ele fez a seguinte e perspicaz análise: "os *Justices* têm reconhecido que a avaliação constitucional das leis de difamação promulgadas pelos estados exige um equilíbrio estruturado entre o interesse do falante na liberdade de expressão e o interesse da pessoa supostamente difamada na preservação da sua reputação. Os interesses a serem

Um sintoma da preferência da Corte pela liberdade de expressão, todavia, se reflete no fato de ter decidido em favor da liberdade de discurso e de imprensa, revertendo uma decisão que havia concedido indenização a um funcionário público que se sentiu ofendido em razão de uma coluna de jornal. Uma década depois, em *Paul* v. *Davis*,[258] outra demanda que reivindicava a defesa da reputação teve novo insucesso, quando a Corte reverteu uma decisão de instância inferior em favor do requerente. Um voto redigido pelo *Justice* Rehnquist sustentou que a distribuição de um folheto que publicava a fotografia e o nome do recorrente identificando-o como um "verdadeiro ladrão" — uma acusação que mais tarde foi rejeitada — não o privava de qualquer direito constitucional.[259] De acordo com a maioria, a reputação, isoladamente considerada, não configurava um interesse constitucionalmente protegido. O não reconhecimento do direito constitucional à imagem ou à reputação, a limitação da abrangência da privacidade para "casamento, procriação, contracepção, família, relacionamento e criação e educação de crianças",[260] junto ao fato de que a liberdade de expressão sempre prevalece sobre demandas de defesa da reputação e da privacidade, representam os principais pontos de divergência entre a jurisprudência americana e continental europeia, incluindo aí Alemanha, França e Corte Europeia de Direitos Humanos.[261]

Pode parecer ao leitor casual que a Suprema Corte dos Estados Unidos tem lançado mão do conceito de dignidade humana em uma impressionante variedade de casos e cenários. Todavia, é verdade que nos Estados Unidos, como em outros países, o uso da expressão "dignidade humana" tem sido ambíguo, plurivalente e, às vezes, meramente

---

equilibrados, no entanto, têm sido geralmente atribuídos a categorias jurídicas diversas. O interesse na liberdade de expressão representa um direito constitucional protegido contra a interferência estatal pela Primeira e pela Décima Quarta Emenda. O interesse na proteção da reputação aparece como voluntariamente afirmado pelo estado em benefício dos seus residentes".

[258] 424 U.S. 693 (1976).

[259] 424 U.S. 701 (1976). ("Essa linha [prévia] de casos não estabelece a proposição de que a reputação, por si só, separada de algum interesse mais tangível, como o emprego, seja como a 'liberdade' ou a 'propriedade', capaz de invocar a proteção procedimental da Cláusula do Devido Processo"). O *Justice* Brennan discordou, citando uma passagem do *Justice* Stewart em *Rosenblat*, segundo a qual o direito de um indivíduo proteger seu próprio nome está vinculado "ao valor e dignidade essencial de cada ser humano" e "a proteção da personalidade privada, como a proteção da vida em si, é deixada primeiramente para os estados particulares, de acordo com a Nona e a Décima Emendas. Mas isso não significa que esse direito é menos reconhecido por essa Corte como uma das bases do nosso sistema constitucional".

[260] *Roe* v. *Wade*, 410 U.S. 113 e 152-3 (1973).

[261] V. Giovanni Bognetti. The concept of human dignity in European and U.S. constitutionalism. *In*: NOLTE, George (Ed.). *European and U.S. Constitutionalism*, 2005.

retórico. Apesar disso, deve-se reconhecer que em algumas áreas, como privacidade e igualdade, a dignidade humana tem exercido uma função decisiva para a solução de casos, mesmo quando não é expressamente mencionada. Isso também parece ser verdadeiro em algumas situações envolvendo a "morte com dignidade". Nas matérias relacionadas com buscas e apreensões arbitrárias e proteção contra penas cruéis e incomuns, a dignidade humana já foi mais decisiva do que no atual momento. Contudo, o isolamento dos Estados Unidos no que se refere à pena de morte, que contrasta fortemente com o Direito Internacional e com o Direito doméstico da maioria dos países democráticos, assinala que os "padrões evolutivos de decência" podem reabrir a discussão sobre pena de morte e proteção da dignidade humana.[262] No âmbito dos direitos sociais e econômicos, a recente legislação que reforma o sistema de saúde poderia gerar um novo impulso na direção da satisfação de algumas necessidades básicas vitais dos pobres,[263] uma ideia que está vinculada ao núcleo da dignidade humana e que tem sido debatida em muitos países. No contexto da liberdade de expressão e defesa da reputação, o foco da jurisprudência americana em preservar a liberdade de discurso deveria ser considerado como um contraponto positivo às visões europeias sobre o assunto.[264]

IV. ARGUMENTOS CONTRÁRIOS AO USO DA DIGNIDADE HUMANA COMO UM CONCEITO JURÍDICO

Inúmeros autores têm se oposto ao uso da dignidade humana no Direito — quando não em qualquer outra área. Um dos argumentos contrários ao uso da dignidade é de natureza formal: a dignidade humana não está presente no texto das constituições de muitos países, sendo

[262] V. *Roper*, 543 U.S. 560, 578; e *Atkins*, 536 U.S. 311.

[263] Embora a lei de reforma da saúde de 2010 não tenha se focado exclusivamente em satisfazer as necessidades dos pobres, um dos seus maiores objetivos é expandir o programa *Medicaid* dos Estados Unidos, que, a partir de 2014, vai se converter de um programa de seguro-saúde para indivíduos selecionados nas classes de baixa renda, em uma verdadeira rede de segurança para a proteção da saúde dos pobres. V. Lei de Proteção do Paciente e Serviços de Saúde Acessíveis (*Patient Protection and Affordable Care Act*), Pub. L. No. 111-148, 124 Stat. 119 §2001 (2010), com as alterações determinadas pela Lei de Reconciliação dos Sistemas de Saúde e Educação (*Health Care and Education Reconciliation Act*), de 2010, P.L. No. 111-152, 124 Stat. 1029 (2010).

[264] Para uma interessante reflexão sobre esse assunto, v. também Robert Post (Dignity, autonomy, and democracy. *Working Papers* 2000-11, Institute of Governmental Studies. Disponível em: <http://igs.berkeley.edu/publications/working_papers/WP2000-11.pdf>).

que os dois exemplos mais conhecidos são França e Estados Unidos. Quando esse é o caso, alguns sustentam que não seria legítimo que as cortes importassem — ou contrabandeassem — a dignidade humana para a interpretação constitucional. Em uma crítica ao uso da dignidade humana pelo *Justice* Brennan, o historiador do direito de Harvard, Raoul Berger, escreveu que "o respeito pela dignidade humana claramente saiu de lugar nenhum" (*respect for human dignity clearly is spun out of thin air*).[265] Fiel ao *textualismo* como sua filosofia de interpretação constitucional, o *Justice* Antonin Scalia tem rejeitado a legitimidade do uso da dignidade humana como um conceito jurídico, porque "ela não é mencionada no texto da Constituição dos Estados Unidos".[266] E, de fato, em seu voto vencido em *Casey*,[267] o *Justice* Scalia criticou o voto do *Justice* Blackmun pelo vazio do seu "desfile de adjetivos", entre os quais ele incluiu a "dignidade pessoal".[268] Ironicamente, o *Justice* Scalia não pôde evitar o apelo moral e retórico da ideia de dignidade humana em seu voto vencido em *National Treasury Employees Union* v. *Von Raab*,[269] na qual ela foi citada três vezes, e onde ele descreveu o teste de drogas em funcionários aduaneiros como "particularmente destrutivo para a privacidade e atentatório contra a dignidade pessoal".[270] Na França, Hennette-Vauchez tem escrito diversos artigos e foi coautor de um livro estigmatizando a ideia de dignidade humana como um resgate de concepções jusnaturalistas do direito e acusando juristas de agirem como antiquados "oráculos do direito".[271]

Nos Estados Unidos, alguns autores têm expressado fortes críticas ao uso da dignidade humana no Direito Constitucional, baseados na noção de que esse não é um conceito enraizado na tradição americana. Neomi Rao, por exemplo, tem escrito que esse conceito marcadamente

---

[265] Seth Stern e Stephen Wermiel. (*Justice Brennan*: liberal champion. 2010. p. 423). Para uma ampla crítica da utilização da dignidade humana pelo Justice Brennan, v. Raoul Berger (Justice Brennan v. The Constitution. *Boston College Law Review*, v. 29, p. 787, 1988. Disponível em: <http://lawdigitalcommons.bc.edu/bclr/vol29/iss5/1>).

[266] Em um debate com o autor do presente artigo na Universidade de Brasília em 2009, o *Justice* Antonin Scalia afirmou que não há uma cláusula da dignidade humana na Constituição dos Estados Unidos e que, por essa razão, ela não poderia ser invocada pelos juízes e pelas cortes.

[267] 505 U.S. 833 (1992).

[268] 505 U.S. 983 (1992) (*Scalia, J., divergindo*).

[269] 489 U.S. 656 (1989).

[270] 489 U.S. 680 (1989) (*Scalia, J., divergindo*).

[271] Stéphanie Hennette-Vauchez (When ambivalent principles prevail: leads for explaining western legal orders' infatuation with the human dignity principle. *Legal Ethics*, n. 10, p. 193, 207, 208. 2007). V. também, Charlotte Girard e Stéphanie Hennette-Vauchez (*La dignité de la personne humaine*: recherche sur un processus de juridicisation, 2005).

europeu poderia enfraquecer o constitucionalismo americano que se baseia em direitos individuais e não em valores comunitários.[272] Depois de reconhecer que a ascensão da ideia de dignidade humana na Europa foi uma reação contra os horrores da Alemanha nazista, Rao declara que muito do seu significado é extraído de "um compromisso com o Estado de bem-estar social", com um "aspecto socialista" refletido na sua defesa da inclusão de direitos positivos na Constituição.[273] Ela conclui que "a dignidade humana é um receptáculo verbal que contém as preferências e os compromissos ideológicos da política europeia moderna".[274] Da mesma maneira, James Q. Whitman, depois de adequadamente observar que "europeus e americanos compreendem a privacidade de modo diferente",[275] faz uma afirmação altamente controversa sobre a origem da dignidade na Europa, afirmando que ela "experimentou significativo desenvolvimento sob a marca do fascismo"[276] acrescentando que "as instituições contemporâneas alemãs dignas têm uma história nazista".[277] O argumento central de Whitman é que o direito à privacidade nos Estados Unidos está ligado ao valor da liberdade, enquanto na Europa está orientado em direção à dignidade, entendida como honra pessoal.[278] Na sua conclusão, ele declara que "as perspectivas para a proteção, em nome da dignidade, do direito ao casamento de pessoas do mesmo sexo são, pode-se afirmar, remotas" e que "a proteção da dignidade das pessoas é completamente estranha à tradição americana".[279]

A terceira e última crítica a ser abordada aqui denuncia a ausência de um significado suficientemente específico e substantivo de dignidade humana e seu subsequente abuso, especialmente no campo da bioética. Em um editorial famoso e frequentemente citado Ruth Macklin escreveu que a dignidade é um "conceito inútil" no domínio da ética médica,

---

[272] Neomi Rao (On the use and abuse of dignity in constitutional law. *Columbia Journal of European Law*, n. 14, p. 204, 2007-2008).

[273] Neomi Rao (On the use and abuse of dignity in constitutional law. *Columbia Journal of European Law*, n. 14, p. 207, 212, 221, 2007-2008).

[274] Neomi Rao (On the use and abuse of dignity in constitutional law. *Columbia Journal of European Law*, n. 14, p. 255, 2007-2008).

[275] James Q. Whitman (The two western cultures of privacy: dignity versus liberty. *Yale Law Journal*, n. 113, p. 1159, 2004).

[276] James Q. Whitman (The two western cultures of privacy: dignity versus liberty. *Yale Law Journal*, n. 113, p. 1166, 2004).

[277] James Q. Whitman (The two western cultures of privacy: dignity versus liberty. *Yale Law Journal*, n. 113, p. 1187, 2004).

[278] James Q. Whitman (The two western cultures of privacy: dignity versus liberty. *Yale Law Journal*, n. 113, p. 1220, 2004).

[279] James Q. Whitman (The two western cultures of privacy: dignity versus liberty. *Yale Law Journal*, n. 113, p. 1221, 2004).

e uma "repetição vaga" de noções existentes — como autonomia e respeito pelo outro — ou um "mero *slogan*".[280] Sendo este o caso, o seu uso poderia ser eliminado "sem qualquer perda de conteúdo".[281] Helga Kuhse tem escrito que a dignidade humana "desempenha um papel bastante dúbio" no discurso bioético e que ela "encoraja a definição de fronteiras morais nos lugares errados".[282] Da mesma maneira, Steven Pinker intitulou o artigo no qual discute a matéria de *A Estupidez da Dignidade*, e nele declara que o conceito de dignidade "permanece uma bagunça", embora ele reconheça que seja "moralmente relevante".[283] De fato, a crítica de Pinker tem como meta o Conselho Presidencial de Bioética, um painel de acadêmicos predominantemente conservadores e religiosos, criado pelo presidente George W. Bush em 2001. Para ele, o Conselho utiliza a dignidade humana como fundamento para uma "bioética obstrucionista (...) impondo uma agenda católica sobre a democracia secular".[284]

Embora nenhum deles seja irrelevante, todos os questionamentos acima sobre a importância do conceito de dignidade humana podem ser confrontados e superados. Quanto à objeção textualista, é suficiente lembrar que todas as constituições trazem valores e ideias que subjazem e inspiram as suas disposições, mesmo sem nenhuma inclusão textual expressa. Na Constituição dos Estados Unidos, por exemplo, não há menção à democracia, ao Estado de direito e ao controle judicial de constitucionalidade e, apesar disso, todos esses conceitos são onipresentes na teoria jurídica e na jurisprudência americanas. O mesmo vale para a dignidade humana. A dignidade humana é um valor fundamental que informa o conteúdo de diversas normas escritas, ao mesmo tempo em que condiciona a interpretação constitucional como um todo, principalmente quando os direitos fundamentais estão envolvidos.[285] Uma demonstração cabal desse argumento pode ser encontrada na Convenção Europeia de

---

[280] Ruth Macklin (Dignity is a useless concept. *British Medical Journal*, n. 327, 2003, p. 1419).

[281] Ruth Macklin (Dignity is a useless concept. *British Medical Journal*, n. 327, 2003, p. 1420).

[282] Helga Kuhse (Is there a tension between autonomy and dignity?. *In*: KEMP, Peter *et al*. (Ed.). *Bioethics and Biolaw*. 2000. v. 2. Four ethical principles, p. 61, 74). citado em Roger Brownsword (An interest in human dignity as the basis for genomic torts. *Washburn Law Journal*, n. 42, 2003, p. 413, 414).

[283] Steven Pinker (The stupidity of dignity. *The New Republic*, 28 May 2008. Disponível em: <http://www.tnr.com/article/the-stupidity-dignity>).

[284] Steven Pinker (The stupidity of dignity, *The New Republic*, 28 May 2008. Disponível em: <http://www.tnr.com/article/the-stupidity-dignity>).

[285] Gerald L. Neuman (Human dignity in United States constitutional law. *In*: SIMON Dieter; WEISS Manfred (Ed.). *Zur Autonomie des Individdums*. 2000. p. 251).

Direitos Humanos, o primeiro tratado internacional vinculante aprovado depois da Declaração Universal dos Direitos Humanos. Mesmo sem qualquer menção à "dignidade humana" no texto da Convenção, as instituições criadas por ela e, notoriamente, a Corte Europeia de Direitos Humanos, têm feito uso desse conceito em muitas das suas decisões, como já ilustrado acima.

As objeções políticas e filosóficas ao uso da dignidade humana também são facilmente refutáveis. Em todos os lugares, as democracias constitucionais se esforçam para alcançar um equilíbrio entre direitos individuais e valores comunitários. E muito embora caiba ao processo político definir as fronteiras entre essas esferas (algumas vezes) concorrentes — no sentido de que o peso dado a uma e a outra pode variar em alguma medida — preocupações a respeito da dignidade humana podem ser encontradas nos dois lados dessa balança. A dignidade humana tem muito a ver, por exemplo, tanto com a liberdade de expressão quanto com a vacinação compulsória. Quanto às posições de Whitman, existe nelas um problema fundamental. Ele não realiza uma distinção clara e precisa entre o significado antigo de dignidade — hierarquia social, *status*, honra pessoal — e o seu sentido contemporâneo, desenvolvido e aprofundado após a Segunda Guerra Mundial e baseado no valor intrínseco objetivo do indivíduo, assim como em alguns elementos subjetivos, como a autonomia pessoal (limitada em alguns casos por restrições externas legítimas). Isso pode explicar porque ele associa a dignidade ao fascismo e ao nacional-socialismo — e às suas noções de honra pessoal — e não à ampla e generosa concepção de direitos humanos que foi desenvolvida após o final da Segunda Guerra Mundial, como uma reação aos abusos perpetrados pelas potências do eixo. Outra consequência da ausência de uma necessária diferenciação entre o significado antigo e o contemporâneo da dignidade humana pode ser encontrada na oposição enxergada por Whitman entre privacidade como liberdade e privacidade como dignidade (ou seja, como "honra pessoal"). Como o presente trabalho pretende demonstrar, a dignidade é parte do núcleo essencial tanto da liberdade quanto da privacidade, e não um conceito (e muito menos um direito) incompatível com cada um deles. Por último, as perspectivas para o casamento *gay* parecem, nesse momento, menos sombrias do que Whitman havia antecipado.

Finalmente, ainda resta a imputação de que a dignidade é um *slogan* vago, que pode ser manipulado pelo autoritarismo, pelo paternalismo e por concepções religiosas. Assim como acontece com qualquer outro conceito marcadamente abstrato — tal como o direito ao livre desenvolvimento da personalidade do Direito Constitucional alemão ou o devido processo legal e a cláusula da igualdade da Constituição americana –, existem riscos envolvidos na construção do significado da dignidade humana. Qualquer ideia complexa, de fato, está sujeita ao abuso e à má utilização: a democracia pode ser manipulada por populistas, o federalismo pode se degenerar em hegemonia do governo central e o controle judicial de constitucionalidade pode ser contaminado pela política ordinária. Como disse Ronald Dworkin, "seria lamentável abandonar uma ideia relevante ou mesmo um nome conhecido pelo risco de malversação".[286] Assim sendo, a dignidade humana, não menos do que inúmeros outros conceitos cruciais, precisa de boa teoria, debate público, consenso sobreposto e juízes prudentes. O trabalho a ser feito consiste em encontrar um conteúdo mínimo para a dignidade humana, que possa garantir a sua utilização como um conceito significativo e consequente, compatível com o livre arbítrio, com a democracia e com os valores seculares (laicos).

[286] Ronald Dworkin. *Justice for Hedgehogs*. 2011. p. 204.

A NATUREZA JURÍDICA E O CONTEÚDO MÍNIMO DA DIGNIDADE HUMANA

I. A DIGNIDADE HUMANA COMO UM PRINCÍPIO JURÍDICO

A dignidade humana tem seu berço secular na filosofia, onde pensadores inovadores como Cícero, Pico della Mirandola e Immanuel Kant construíram ideias como antropocentrismo (uma visão de mundo que reserva ao ser humano um lugar e um papel centrais no universo), o valor intrínseco de cada pessoa e a capacidade individual de ter acesso à razão, de fazer escolhas morais e determinar seu próprio destino. Tendo suas raízes na ética, na filosofia moral, a dignidade humana é, em primeiro lugar, um *valor*,[287] um conceito vinculado à moralidade, ao bem, à conduta correta e à vida boa.[288] Ao longo do século XX, principalmente no periodo após a Segunda Guerra Mundial, a ideia de dignidade humana foi incorporada ao discurso político das potências que venceram o conflito e se tornou uma *meta política*, um fim a ser alcançado por instituições nacionais e internacionais. Não é difícil perceber, nesse contexto, a dupla dimensão da dignidade

[287] Um valor é um conceito axiológico. Robert Alexy, citando von Wright, afirma que o conceito de razão prática é dividido em três grupos: axiológico, deontológico e antropológico. Conceitos axiológicos são derivados da ideia de bem. Conceitos deontológicos baseiam-se na ideia de dever, de exigência. E conceitos antropológicos estão associados ao interesse, vontade e necessidade. Robert Alexy (*A theory of constitutional rights.* Trad. Julian Rivers. Oxford University Press, 2004, p. 44-69). V. também G. H. v. Wright (*The logic of preference*, 1963, p. 7).

[288] Ronald Dworkin tem proposto uma distinção entre ética, "que é o estudo de como viver bem" e moralidade, "que é o estudo de como de como nós devemos tratar as outras pessoas". V. *Justice for hedgehogs*, 2011, p. 13.

humana: uma interna, expressa no valor intrínseco ou próprio de cada indivíduo; outra externa, representando seus direitos, aspirações e responsabilidades, assim como os correlatos deveres de terceiros. A primeira dimensão é por si mesma inviolável, já que o valor intrínseco do indivíduo não é perdido em nenhuma circunstância; a segunda pode sofrer ofensas e violações.

Em um primeiro momento, a proteção e promoção da dignidade humana foram consideradas tarefas exclusivas dos poderes políticos do Estado, ou seja, dos poderes Executivo e Legislativo. Não demorou muito, entretanto, para que essas metas políticas e valores morais inscritos na dignidade migrassem para o direito. Uma razão óbvia para essa migração foi o fato de a dignidade humana ter sido consagrada em diversos documentos e tratados internacionais, assim como em muitas constituições nacionais. Mas a ascensão da dignidade humana como um *conceito jurídico*, nos dois lados do Atlântico, foi consequência de uma mudança fundamental no pensamento jurídico, que se tornou mais visível e concreta depois da Segunda Guerra. De fato, conforme os dois pilares do pensamento jurídico clássico — a *summa divisio* entre o direito público e privado e a crença no formalismo e no raciocínio puramente dedutivo[289] — começaram a ruir, a interpretação jurídica fez um movimento decisivo na direção da filosofia moral e política.[290] Isso é particularmente verdadeiro nas decisões envolvendo casos difíceis,[291]

[289] Duncan Kennedy. Three globalizations of law and legal thought: 1850-2000. *In*: TRUBEK David; SANTOS, Alvaro (Ed.). *The new law and development*: a critical appraisal. 2006. p. 25 ("O *mainstream* do final do século XIX via o direito como um 'sistema', tendo uma forte coerência estrutural interna, baseada em três características que foram exaustivamente desenvolvidas, a distinção entre direito privado e público, 'individualismo', e compromisso com o formalismo jurídico interpretativo").

[290] O Pensamento Jurídico Clássico (PJC) foi contestado na virada do século e durante seus anos iniciais por autores como Georg Jellinek, na Alemanha, François Geny, na França, e Oliver Wendell Holmes, nos Estados Unidos. Nos Estados Unidos foi lançado um ataque poderoso contra a teoria jurídica tradicional e, especialmente, contra o formalismo, por autores identificados como realistas jurídicos, tais como Hale, Cohen e Llewellyn. No período logo após a guerra foi formado um novo consenso, identificado como consenso do "processo legal". Como David Kennedy e William W. Fisher têm escrito, se tornou senso comum afirmar que "os materiais jurídicos não produzem soluções únicas para os casos individuais", que o trabalho jurídico não era sempre dedutivo, mas também "envolvia em grande medida a formulação de políticas", e que os juristas têm que "falar e pensar sobre consequências, ética, estatísticas e assim por diante". V. David Kennedy e William Fisher III (Ed.) (*The canon of american legal thought*. 2006. p. 10-11). A primeira utilização da expressão "Pensamento Jurídico Clássico" é atribuída a Duncan Kennedy. V. Duncan Kennedy. *The rise and fall of classical legal thought*. 2006. (O movimento em direção à filosofia moral e à filosofia política foi fortemente influenciado por autores como John Rawls, Ronald Dworkin e Frank Michelman).

[291] V. Ronald Dworkin. Hard Cases. *Harvard Law Review*, n. 88, 1975, p. 1057.

em que não há soluções claras e acabadas no direito positivo. Esses casos envolvem lacunas, princípios conflitantes, desacordos morais ou ambiguidades. Nesse novo ambiente pós-positivista,[292] no qual a constituição e os princípios constitucionais, expressos ou implícitos, desempenham uma função central, os juízes e as cortes frequentemente necessitam recorrer à moralidade política com a finalidade de aplicar os princípios corretamente. Isso tudo favoreceu a ascensão da dignidade humana. Essa tendência se mostrou particularmente evidente na Alemanha e em alguns outros países da tradição do *civil law*, assim como em outros países associados ao *common law*, como o Canadá e a África do Sul. Todavia, como já previamente demonstrado, esse também foi o caso, em alguma medida, dos Estados Unidos. De fato, "o ideal constitucional da dignidade humana",[293] como colocado pelo *Justice* Willian Brennan, tem estado firmemente presente na jurisprudência da Suprema Corte desde a década de 1940, além de figurar no centro da produção acadêmica de alguns dos filósofos do direito e constitucionalistas mais proeminentes das últimas décadas.[294]

De tudo aquilo que já foi dito, fica claro que a dignidade humana é um conceito multifacetado, que está presente na religião, na filosofia, na política e no direito. Há um razoável consenso de que ela constitui um valor fundamental subjacente às democracias constitucionais de modo geral, mesmo quando não expressamente prevista nas suas constituições. Na Alemanha, como descrito acima, a visão dominante

---

[292] Luís Roberto Barroso. The americanization of constitutional law and its paradoxes: constitutional theory and constitutional jurisdiction in the contemporary world. *ILSA Journal of Int'l & Comparative Law*, n. 16, p. 586, 2010. ("De certo modo, o pós-positivismo é uma terceira via entre o positivismo e a tradição do direito natural. O pensamento pós-positivista não ignora a importância das exigências do direito por clareza, certeza e objetividade, mas também não o concebe como sendo desconectado da filosofia moral e política. O pós-positivismo rejeita o postulado positivista de separação entre direito, moral e política").

[293] Seth Stern e Stephen Wermiel. *Justice Brennan*: liberal champion. 2010. p. 542.

[294] V. as obras de Ronald Dworkin onde a dignidade humana é uma ideia recorrente, como o livro *Taking rights seriously*, 1997, p. 129 ("Não se segue do fato de o homem na rua desaprovar o aborto... que ele tenha levado em consideração se o conceito de dignidade humana pressuposto pela Constituição, coerentemente aplicado, sustenta essa sua posição política"); *Life's dominion*, 1993, p. 239 ("Mas embora possamos sentir a nossa própria dignidade em jogo no modo como os outros agem com relação à morte e, às vezes, possamos desejar que os outros ajam de acordo com o que nós acreditamos ser o correto, uma verdadeira apreciação da dignidade aponta decisivamente para a direção oposta — para a liberdade individual e não para a coerção, para um regime de direito e atitude que incentiva cada um a tomar decisões mortais por si mesmo"); *Is democracy possible here*, 2006, p. 35 ("O direito humano fundamental, devemos dizer, é o direito de ser tratado com uma certa atitude: uma atitude que expressa o entendimento de que cada pessoa é um ser humano cuja dignidade importa..."); e *Justice for hedgehogs*, 2011, p. 191 (O capítulo 9 da parte III do livro tem como título "Dignidade").

concebe a dignidade como um valor *absoluto*, que prevalece em qualquer circunstância.[295] Essa posição tem sido pertinentemente questionada ao longo dos anos.[296] Como regra geral, no direito não há espaço para absolutos. Embora seja razoável afirmar que a dignidade humana normalmente deve prevalecer, existem situações inevitáveis em que ela terá de ceder, ao menos parcialmente. Um exemplo evidente de uma dessas situações ocorre quando alguém é condenado à prisão após um procedimento condizente com o devido processo legal: neste caso, um componente importante da dignidade dessa pessoa — representado por sua liberdade de ir e vir — é restringido. Esta hipótese ilustra, de maneira clara, que um aspecto da dignidade de uma pessoa pode ser sacrificado em benefício de algum outro valor. A dignidade humana, portanto, é um valor fundamental, mas não deve ser tomada como absoluta. Valores, sejam políticos ou morais, adentram o mundo do direito usualmente assumindo a forma de princípios.[297] E embora direitos constitucionais e princípios constitucionais frequentemente se justaponham, esse não é exatamente o caso aqui. A melhor maneira de classificar a dignidade humana é como um princípio jurídico com *status* constitucional, e não como um direito autônomo, como será demonstrado abaixo.

Como um valor fundamental que é também um princípio constitucional, a dignidade humana funciona tanto como justificação moral quanto como fundamento jurídico-normativo dos direitos fundamentais. Não é necessário elaborar de modo mais profundo e detalhado a distinção qualitativa existente entre princípios e regras. A concepção adotada aqui é a mesma que se tornou dominante na Teoria do Direito, baseada no trabalho seminal de Ronald Dworkin sobre o assunto,[298] acrescida dos desenvolvimentos posteriores realizados pelo filósofo do Direito alemão Robert Alexy.[299] De acordo com Dworkin, princípios são normas que contêm "exigências de justiça ou equidade ou alguma

---

[295] V. 27 *BVerfGE* 1 (caso Microcensus) e 30 *BVerfGE* 173 (1971) (caso Mefisto).

[296] V. Dieter Grimm. Die Würde des Menschen ist unantastbar. *In*: *24 Kleine Reihe*, 2010, p. 5.

[297] Os valores, é claro, também subjazem às regras. Mas, nesse caso, o julgamento valorativo já foi feito pelo legislador quando criou a regra, considerada como uma norma objetiva que prescreve um determinado comportamento. Os princípios, por outro lado, são normas mais abstratas, que oferecem razões, deixando mais espaço para os juízes e as cortes determinarem o seu significado nos casos concretos.

[298] V. Ronald Dworkin. *Taking rights seriously*. 1997. p. 14-45. O livro republicou o artigo *The model of rules*, de 1967, originalmente publicado em *University of Chicago Law Review*, n. 35, p. 14, 1967.

[299] V. especialmente Robert Alexy. *A theory of constitutional rights*. 2004. p. 44-69.

outra exigência de moralidade".[300] Ao contrário das regras, eles não se aplicam na "modalidade tudo ou nada",[301] e em certas circunstâncias podem não prevalecer devido à existência de outras razões ou princípios que apontem para uma direção diferente. Os princípios têm uma "dimensão de peso"[302] e quando eles colidem é necessário considerar a importância específica de cada um deles naquela situação concreta.[303] Para Alexy, os princípios são "mandados de otimização",[304] cuja aplicação varia em diferentes graus, de acordo com o que é fática e juridicamente possível.[305] Portanto, de acordo com a teoria de Alexy, os princípios estão sujeitos à ponderação e à proporcionalidade, e sua pretensão normativa pode ceder, conforme as circunstâncias, a elementos contrapostos.[306] Essas visões não são imunes a controvérsias.[307] Mas não é possível aprofundar esse debate no presente estudo. Para os fins aqui visados, princípios jurídicos são normas que possuem maior ou menor peso de acordo com as circunstâncias. Mas, em qualquer caso, eles fornecem argumentos que devem ser considerados pelos juízes, e todo princípio exige um compromisso de boa-fé para com a sua realização, na medida em que essa realização seja possível.[308]

Os princípios constitucionais desempenham diferentes papéis no sistema jurídico, e no momento da sua aplicação concreta eles sempre geram regras que regem situações específicas. Como forma de distinguir dois dos seus papéis principais, pode-se visualizar um princípio como dois círculos concêntricos.[309] O círculo interno, próximo do centro, contém o conteúdo essencial do princípio e é uma fonte direta

[300] Ronald Dworkin. *Taking rights seriously*. 1997. p. 22.

[301] Ronald Dworkin. *Taking rights seriously*. 1997. p. 24.

[302] Ronald Dworkin. *Taking rights seriously*. 1997. p. 26.

[303] Ronald Dworkin. *Taking rights seriously*. 1997. p. 26.

[304] Robert Alexy. *A theory of constitutional rights*. 2004. p. 47.

[305] Robert Alexy. *A theory of constitutional rights*. 2004. p. 48.

[306] Robert Alexy. *A theory of constitutional rights*. 2004. p. 48. V. também Robert Alexy Balancing, constitutional review, and representation. *International Journal of Constitutional Law*, n. 3, 2005, p. 572-81.

[307] V. Jürgen Habermas. (*Between facts and norms*: contributions to a discourse theory of law and democracy. 1996. p. 310); e Ernst-Wolfgang Böckenförde (Grundrechte als Grundatznormen: Zur gegenwärtigen Lage der Grundrechtsdogmatik. *Staat, Verfassung, Demokratie*, 1991. p. 185), citado e transcrito em Robert Alexy (*A theory of constitutional rights*, 2004, p. 577). V. também Humberto Ávila (*Theory of legal principles*, 2007).

[308] V. Patricia Birnie, Alan Boyle e Catherine Redgwell. *International Law & the Environment*, 2009, p. 34: "(Eles implicam) pelo menos um compromisso de boa fé, uma expectativa de que eles serão respeitados caso seja possível".

[309] A imagem dos dois círculos concêntricos foi usada em Ana Paula de Barcellos (*A eficácia jurídica dos princípios*: o princípio da dignidade da pessoa humana. 2008. p. 122, 123).

de direitos e deveres. Por exemplo, o conteúdo essencial da dignidade humana implica na proibição da tortura, mesmo em um ordenamento jurídico no qual não exista nenhuma regra específica impedindo tal conduta. É claro que quando já existem regras mais específicas — indicando que os constituintes ou os legisladores detalharam o princípio de modo mais concreto — não há necessidade de se recorrer ao princípio mais abstrato da dignidade humana. Porém, em outro exemplo, nos países onde o direito à privacidade não está expresso na constituição — como nos Estados Unidos — ou o direito geral contra a autoincriminação não está explicitado — como no Brasil — eles podem ser extraídos do significado essencial da dignidade. Esse é o primeiro papel de um princípio como a dignidade humana: funcionar como uma fonte de direitos — e, consequentemente, de deveres —, incluindo os direitos não expressamente enumerados, que são reconhecidos como parte das sociedades democráticas maduras.

O outro papel principal da dignidade humana é interpretativo. A dignidade humana é parte do núcleo essencial dos direitos fundamentais, como a igualdade, a liberdade ou o direito ao voto (o qual, a propósito, não está expresso no texto da Constituição dos Estados Unidos). Sendo assim, ela vai necessariamente informar a interpretação de tais direitos constitucionais, ajudando a definir o seu sentido nos casos concretos. Além disso, nos casos envolvendo lacunas no ordenamento jurídico, ambiguidades no direito, colisões entre direitos fundamentais e tensões entre direitos e metas coletivas, a dignidade humana pode ser uma boa bússola na busca da melhor solução. Mais ainda, qualquer lei que viole a dignidade, seja em abstrato ou em concreto, será nula.[310]

Coerente com a posição aqui sustentada de que a dignidade humana não é um valor absoluto é a afirmação de que ela tampouco é um princípio absoluto. De fato, se um princípio constitucional pode estar por trás tanto de um direito fundamental quanto de uma meta coletiva,[311] e se os direitos colidem entre si e com as metas coletivas, um impasse lógico ocorreria. Um choque de absolutos não tem solução. O que pode ser dito é que a dignidade humana, como um princípio e valor fundamental, deve ter precedência na maior parte dos casos, mas

---

[310] Uma lei é inconstitucional em abstrato quando é contrária à constituição em tese, isto é, em qualquer circunstância, e por isso é nula. Uma lei é inconstitucional em concreto quando em tese é compatível com a constituição, mas produz uma consequência inaceitável em uma circunstância particular.

[311] V. Robert Alexy. *A theory of constitutional rights*. 2004. p. 65 ("Os princípios podem se relacionar tanto com direitos individuais como com interesses coletivos").

não necessariamente em todos. Mais ainda: quando aspectos reais (e não apenas retóricos) da dignidade estão presentes na argumentação dos dois lados em conflito, a discussão se torna mais complexa. Em circunstâncias como essa, o pano de fundo cultural e político pode influenciar o modo de raciocínio do juiz ou da corte, o que, de fato, acontece com frequência, por exemplo, nos casos que envolvem conflitos entre a privacidade (no sentido de defesa da reputação) e a liberdade de imprensa. Na verdade, este não é um conflito entre a liberdade e a dignidade, mas entre a dignidade como um valor intrínseco e a dignidade como autonomia. Essa discussão será retomada mais adiante.

Por fim, algumas poucas palavras sobre as razões pelas quais a caracterização da dignidade humana como um direito constitucional autônomo não corresponde à melhor abordagem. É verdade que princípios e direitos são categorias intimamente ligadas.[312] Tanto os direitos fundamentais quanto os princípios constitucionais representam uma abertura do sistema jurídico ao sistema da filosofia moral.[313] Especialmente quando se reconhece a chamada "dimensão objetiva" dos direitos fundamentais, que representa uma ordem moral de valores condicionantes da interpretação do sistema jurídico como um todo, a semelhança entre direitos fundamentais e princípios constitucionais se torna ainda mais evidente.[314] No entanto, uma vez que a dignidade é tida como o alicerce último de todos os direitos verdadeiramente fundamentais e como fonte de parte do seu conteúdo essencial, seria contraditório considerá-la como um direito em si, já que ela é parte de diferentes direitos. Além disso, se a dignidade humana fosse considerada um direito fundamental específico ela necessariamente iria ter que ser ponderada com outros direitos fundamentais, o que a colocaria em

[312] Ronald Dworkin. *Taking rights seriously*. 1997. p. 90 ("Os argumentos de princípio são aqueles destinados a consagrar um direito individual; os argumentos de política são aqueles destinados a consagrar uma meta coletiva. Os princípios são proposições que descrevem direitos; as políticas são proposições que descrevem metas").

[313] V. Robert Alexy. *A theory of constitutional rights*. 2004. p. 4.

[314] A ideia dos direitos constitucionais como uma ordem objetiva de valores tem atravessado o mundo e foi desenvolvida pela primeira vez no caso *Lüth*, decidido pelo Tribunal Constitucional Federal Alemão. 7 *BVerfGE* 198 (1958). Trechos em inglês dessa decisão podem ser encontrados em Donald P. Kommers (*The constitutional jurisprudence of the Federal Republic of Germany*. 1997. p. 361-368) ("A seção da Lei Fundamental sobre os direitos fundamentais estabelece uma ordem objetiva de valores, e esta ordem reforça fortemente o poder efetivo dos direitos fundamentais. Este sistema de valores, que se centra sobre a dignidade da personalidade humana desenvolvida livremente dentro da comunidade social, deve ser encarada como decisão constitucional fundamental que afeta todas as esferas do direito [público e privado]. Ele serve como um parâmetro para medir e avaliar todas as ações nas áreas da legislação, administração pública, e adjudicação").

uma posição mais fraca do que ela teria caso fosse utilizada como um parâmetro externo para aferir soluções possíveis nos casos de colisões de direitos. Como um princípio constitucional, contudo, a dignidade humana pode precisar ser ponderada com outros princípios ou metas coletivas.[315] Vale lembrar que ela normalmente deve prevalecer, mas nem sempre será esse o caso. É melhor reconhecer esse fato do que tentar negá-lo através de argumentos circulares.[316] Uma última observação: a dignidade humana, em muitos países, é tida como aplicável tanto às relações entre indivíduos e governo quanto às relações privadas, o que corresponde à chamada eficácia horizontal dos direitos constitucionais (*drittwirkung*).[317] A discussão desse tema, contudo, está além das finalidades do presente trabalho.

II. A INFLUÊNCIA DO PENSAMENTO KANTIANO

Immanuel Kant (1724-1804), um dos filósofos mais influentes do Iluminismo, é uma referência central na moderna filosofia moral e jurídica ocidental. Muitas das suas reflexões estão diretamente associadas à ideia de dignidade humana e, consequentemente, não é surpresa que ele seja o autor mais frequentemente citado nos trabalhos sobre essa matéria.[318] A ética kantina é inteiramente baseada nas noções de razão e dever, na capacidade do indivíduo dominar suas paixões e interesses próprios e descobrir, dentro de si mesmo, a lei moral que deve orientar sua conduta. Apesar da sua influência dominante, o sistema da moral

---

[315] Sobre essa tensão entre direitos individuais e metas coletivas, Ronald Dworkin cunhou uma frase que se tornou emblemática no contexto do eterno conflito entre o indivíduo e as razões de Estado: "Os direitos individuais são trunfos guardados pelos indivíduos". E acrescentou: "a consequência de se definir algo como um direito é que ele não pode ser (...) sobrepujado pelo apelo a qualquer meta rotineira da administração pública, mas apenas por uma meta de especial urgência". V. Ronald Dworkin (*Taking rights seriously*. 1997. p. xi, 92).

[316] Esse parece ser o caso com a teoria de Alexy, segundo a qual o princípio da dignidade humana pode ser ponderado e não prevalecer em uma dada circunstância, ao mesmo tempo em que afirma, todavia, a existência de uma *regra* da dignidade humana que é o produto de tal ponderação e que sempre prevalece. V. Robert Alexy (*A theory of constitutional rights*. 2004. p. 64).

[317] Essa a tese jurídica central que se extrai do caso Lüth, julgado pelo Tribunal Constitucional Federal Alemão. V. nota 314. Para uma discussão do tema em inglês v. Mark Tushnet (Comparative constitutional law. *In*: *The Oxford handbook of comparative law*, 2006, p. 1252-3); e Julian Rivers (Translator's Introduciton to Alexy. *In*: ALEXY, Robert. *A theory of constitutional rights*. 2004. p. xxxvi-xli).

[318] V. Christopher McCrudden. Human dignity and judicial interpretation of human rights, *European Journal of International Law*, n. 19, p. 659, 2008. ("essa conexão entre a dignidade e Kant tem se tornado, provavelmente, a concepção de dignidade de fundamento não religioso mais frequentemente citada").

kantiano é, às vezes, questionado por autores que destacam os limites da razão — em constraste com o desejo e a paixão[319] — e o papel da comunidade em que o indivíduo está inserido na determinação dos seus valores éticos.[320] É inegável que existe margem para tais críticas, uma vez que, fora de qualquer dúvida, a razão isoladamente considerada nunca será inteiramente responsável pelo comportamento humano. Assim sendo, embora não se deva rejeitar a força da ação moral e da razão prática, é importante reconhecer a impossibilidade de se conceber uma razão inteiramente objetiva, desprovida de diferentes percepções subjetivas do bem e do justo. Na verdade, o comportamento humano nunca pode ser completamente dissociado de simpatias, afetos e solidariedades, para não mencionar sentimentos menos nobres, como ambições por poder e riqueza. Apesar disso, a ética kantiana — com conceitos como imperativo categórico, autonomia e dignidade — tornou-se parte crucial da gramática e da semântica dos estudos sobre a dignidade humana.[321]

Devido a sua importância para o estudo aqui realizado, serão brevemente sintetizadas as noções básicas do pensamento kantiano, correndo-se o inevitável risco de simplificação excessiva.[322] Baseado nos gregos antigos, Kant divide a filosofia em três partes: *lógica*, que é

---

[319] V., de modo geral, David Hume. O filósofo escocês foi contemporâneo de Kant, mas construiu sua filosofia moral sobre bases totalmente diferentes, se concentrando nos sentimentos humanos. Na obra *A treatise of human nature* (1738), Hume escreveu que "a razão é, e deve ser, apenas a escrava das paixões" (Book II, III, IV: *Of the influencing motives of the will*). Disponível em: <http://ebooks.adelaide.edu.au/h/hume/david/h92t/B2.3.3.html>. V. também Frederick Copleston. *A history of philosophy*, 1960, p. 313 ("A teoria moral kantiana, por fundamentar a lei moral na razão é incompatível com as teorias emotivas modernas da ética").

[320] Esse foi o caso de Hegel, cuja parte II da obra *Philosophy of Right*, publicada em 1822, é amplamente dedicada a combater aspectos da ética kantiana. Na opinião de Hegel, a moralidade kantiana do dever era excessivamente abstrata e sem conteúdo, necessitando ser reconciliada com padrões éticos de comunidade ("Em uma comunidade ética, é fácil dizer o que um homem deve fazer, quais são os deveres que ele deve cumprir com a finalidade de ser virtuoso; ele tem simplesmente que seguir as bem conhecidas e explícitas normas de sua própria situação"). *V.* G. W. F. Hegel (*Philosophy of right*, p. 159, Par. 150. Trad. S. W. Dyde, 1996). Com relação a esse ponto, v. duas obras de Peter Singer (*Ethics*, 1994, p. 113-17 e *Hegel*: a very short history. 2001. p. 39-48), cuja tradução foi utilizada na transcrição acima.

[321] Alguns autores têm utilizado a expressão *kantische Wende* ("virada kantiana") para se referir à renovada influência de Kant no debate jurídico contemporâneo. V. Otfried Hoffe (Kategorische Rechtsprinzipien. *Ein Kontrapunkt der Moderne*. 1990. p. 135).

[322] Os conceitos discutidos aqui foram extraídos principalmente de Immanuel Kant (*Groundwork of the metaphysics of morals*. Trad. Mary Gregor. Cambridge University Press. 1998), que concentra a maior parte do pensamento kantiano sobre ética, embora algumas dessas ideias tenham sido subsequentemente revisitadas em obras como *The critique of practical reason* e *the metaphysics of morals*. V. Jens Timmermann (*Kant's grounwork of the metaphysics of morals*: a commentary. 2007); Roger Scruton (*Kant*: a very short introduction. 2001. p. 73-95); Frederick Copleston (*A history of philosophy*, 1960, p. 308-48), e Stanford Encyclopedia of Philosophy (Kant's Moral Philosophy. Disponível em: <http://plato.stanford.edu/entries/kant-moral/>).

a filosofia formal aplicada a todo o pensamento; *física*, que lida com as leis da natureza e descreve o mundo como ele é; e *ética*, que tem como objeto a vontade humana e prescreve o que ela deve ser.[323] A ética é o domínio da lei moral, composta por comandos que regem a vontade que está em conformidade com a razão. Tais comandos expressam um dever-ser, um imperativo, que pode ser hipotético ou categórico. O imperativo hipotético identifica uma ação que é boa como um meio para se alcançar algum fim. O imperativo categórico, por sua vez, corresponde a uma ação que é boa em si mesma, independentemente do fato de servir a determinado fim. Ele é um padrão de racionalidade e representa o que é objetivamente necessário em uma vontade que esteja em conformidade com a razão.[324] Esse imperativo categórico, ou imperativo de moralidade, foi enunciado por Kant em uma famosa proposição sintética: "Age de tal modo que a máxima da tua vontade (*i.e.*, o princípio que a inspira e move) possa se transformar em uma lei universal".[325] Note-se que em lugar de apresentar um catálogo de virtudes específicas, uma lista do que fazer e do que não fazer, Kant concebeu uma fórmula capaz de determinar a ação ética.[326]

Embora Kant afirme que há um único imperativo categórico, reproduzido acima, ele apresenta três diferentes formulações dele. O primeiro é conhecido como *fórmula da lei natureza*, que declara: "Aja como se a máxima que fundamentou sua ação deve-se se tonar, pela sua própria vontade, uma lei universal da natureza".[327] A segunda formulação é chamada de *fórmula da humanidade*: "Age de modo a utilizar a humanidade, seja em relação à tua própria pessoa ou a qualquer outra, sempre e todo o tempo como um fim, e nunca meramente como um meio".[328] A terceira é a *fórmula da autonomia*: "E isso é feito na presente terceira fórmula do princípio, a saber, a ideia da vontade de cada ser racional como a vontade formuladora da lei universal".[329] A primeira

---

[323] Immanuel Kant. *Groundwork of the metaphysics of morals*. 1998. p. 1.

[324] Immanuel Kant. *Groundwork of the metaphysics of morals*. 1998. p. 25 ("Agora, se a ação é boa apenas como um meio *para alguma outra coisa* o *imperativo é hipotético*, se ação é representada como boa *em si mesma*, portanto como necessária em uma vontade que conforma a si mesma com a razão como seu princípio, *então o imperativo é categórico*").

[325] Immanuel Kant. *Groundwork of the metaphysics of morals*. 1998. p. 31.

[326] V. Marilena Chauí. *Convite à Filosofia*. 1999. p. 346. Alguns autores enxergam no imperativo categórico a versão secular da Regra de Ouro, encontrada em algumas religiões ("Se deve tratar os outros como se gostaria de ser tratado"). V. Maria Celina Bodin de Moraes. *O conceito de dignidade humana*: substrato axiológico e conteúdo normativo. 2003. p. 139.

[327] Immanuel Kant. *Groundwork of the metaphysics of morals*. 1998. p. 31.

[328] Immanuel Kant. *Groundwork of the metaphysics of morals*. 1998. p. 38.

[329] Immanuel Kant. *Groundwork of the metaphysics of morals*. 1998. p. 40.

e a terceira fórmulas são bastante próximas, exceto pelo fato de o foco mudar da obediência à lei universal para a sua formulação. A segunda fórmula, com um aspecto humanista mais destacado e uma ênfase no respeito pelas pessoas, parece oferecer uma perspectiva diferente. Kant, contudo, afirmou que todas as formulações eram equivalentes, indicando, provavelmente, que elas levavam aos mesmos deveres.[330]

Dois outros conceitos fundamentais para o sistema ético kantiano são a autonomia e a dignidade. *Autonomia* é a qualidade de uma vontade que é livre. Ela identifica a capacidade do indivíduo de se autodeterminar em conformidade com a representação de certas leis. Uma razão que se autogoverna. A ideia central é que os indivíduos estão sujeitos apenas às leis que dão a si mesmos.[331] Um indivíduo autônomo é alguém vinculado apenas à sua própria vontade e não àquela de alguma outra pessoa (uma vontade heterônoma). Essas ideias se tornam mais complexas e um tanto contrafáticas quando adicionamos outros elementos da teoria moral kantiana. Para Kant, o indivíduo é governado pela razão, e a razão é a representação correta das leis morais, sendo que o princípio supremo da moralidade consiste em cada indivíduo dar a si mesmo uma lei que poderia se tornar universal, uma lei objetiva da razão, sem nenhuma concessão a motivações subjetivas.[332] A *dignidade*, por sua vez, dentro da visão kantiana, tem por fundamento a autonomia.[333] Em um mundo no qual todos pautem a sua conduta pelo imperativo categórico — no "reino dos fins", como escreveu —, tudo tem um *preço* ou uma *dignidade*.[334] As coisas que têm preço podem ser substituídas por outras equivalentes. Mas quando uma coisa está acima de todo preço e não pode ser substituída por outra equivalente, ela tem *dignidade*. Assim é a natureza singular do ser humano. Portanto, as coisas têm um preço de mercado, mas as pessoas têm um valor interno

---

[330] Immanuel Kant. *Groundwork of the metaphysics of morals*. 1998. p. 43 ("As três maneiras de representar o princípio da moralidade, vistas acima, são, ao fim, apenas diferentes formulações da mesma lei, e qualquer uma delas traz em si as outras duas"). V. também Stanford Encyclopedia of Philosophy. Kant's Moral Philosophy, p. 18 ("a interpretação mais franca da alegação de que as três formulações são equivalentes é aquela que afirma que ao aplicar uma formulação todos os efeitos das outras duas também são gerados").

[331] Immanuel Kant. *Groundwork of the metaphysics of morals*. 1998. p. 47 ("Autonomia da vontade é a qualidade da vontade que representa para si mesma uma lei...").

[332] Immanuel Kant. *Groundwork of the metaphysics of morals*. 1998. p. 24.

[333] Immanuel Kant. *Groundwork of the metaphysics of morals*. 1998. p. 43.

[334] Immanuel Kant. *Groundwork of the metaphysics of morals*. 1998. p. 42 ("No reino dos fins tudo tem um *preço* ou uma *dignidade*. As coisas que têm preço podem ser substituídas por outras *equivalentes*; as coisas, por outro lado, que estão acima de todo preço e não podem ser substituídas por outras equivalentes têm *dignidade*").

absoluto chamado de dignidade. Como consequência, cada ser racional e cada pessoa existe como um fim em si mesmo, e não como um meio para o uso discricionário de uma vontade externa. E essa é, como visto, a segunda formulação do imperativo categórico.

Essas são algumas das ideias e conceitos kantianos que têm tido maior influência nos estudos sobre dignidade humana ao redor do mundo. Condensada em uma única proposição, elas podem ser assim enunciadas: a conduta moral consiste em agir inspirado por uma máxima que possa ser convertida em lei universal; todo homem é um fim em si mesmo, e não deve ser instrumentalizado por projetos alheios; os seres humanos não têm preço nem podem ser substituídos, pois eles são dotados de um valor intrínseco absoluto, ao qual se dá o nome de dignidade.

III. O CONTEÚDO MÍNIMO DA IDEIA DE DIGNIDADE HUMANA

Como discutido acima, a dignidade humana se tornou um consenso ético essencial no mundo ocidental, reforçando a rejeição moral ao desastre representado pelo nazi-fascismo. Ainda assim, nenhum documento jurídico nacional ou internacional tentou oferecer uma definição para o termo, deixando o significado intrínseco da dignidade humana para o entendimento "intuitivo".[335] Realmente, não é fácil elaborar um conceito transnacional de dignidade humana, capaz de levar em conta da maneira adequada toda a variedade de circunstâncias religiosas, históricas e políticas que estão presentes nos diferentes países. Apesar isso, na medida em que a dignidade tem ganhado importância, tanto no âmbito interno quanto no discurso transnacional, se faz necessário estabelecer um conteúdo mínimo para o conceito, a fim de unificar o seu uso e lhe conferir alguma objetividade. Para levar a bom termo esse propósito, deve-se aceitar uma noção de dignidade humana aberta, plástica e plural. Grosso modo, esta é a minha concepção minimalista: a dignidade humana identifica 1. O valor intrínseco de todos os seres humanos; assim como 2. A autonomia de cada indivíduo; e 3. Limitada por algumas restrições legítimas impostas a ela em nome de valores sociais ou interesses estatais (valor comunitário). Esses três elementos

[335] V. Oscar Schachter. *Editorial comment*: human dignity as a normative concept. *Am. J. Int'l L.*, n. 77. 1983. p. 848, 849.

serão analisados na próxima seção, com base em uma perspectiva filosófica que é laica, neutra e universalista. Antes disso se faz necessário, porém, um comentário adicional a respeito de cada uma dessas perspectivas.

A *laicidade*[336] dispõe que Igreja e Estado devem ser separados, que a religião é uma questão privada de cada indivíduo e que, na política e nos assuntos públicos, uma visão racional e humanista deve prevalecer sobre concepções religiosas. Essa visão, é claro, não deprecia a liberdade de religião, e a crença religiosa é, de fato, uma opção legítima para milhões de pessoas.[337] Nas democracias maduras, um equilíbrio implícito e justo é normalmente atingido: os dogmas religiosos — como milagres, pecado e fé na vida após a morte — são deixados de lado na esfera pública, mas isso não significa que valores de inspiração religiosa — como a santidade da vida ou o dever de respeitar os outros — não possam ser traduzidos em argumentos políticos válidos.[338] A *neutralidade*, nesse contexto, indica que a dignidade humana não seja entendida como exigindo qualquer visão perfeccionista, ideológica ou política particular. Busca-se um conteúdo mínimo de dignidade humana capaz de ser aceito por conservadores, liberais ou socialistas, assim como por pessoas que professam diferentes concepções razoáveis de bem e de vida boa. A ideia de neutralidade é um ponto central do pensamento liberal contemporâneo,[339] embora esteja longe de atingir

---

[336] A laicidade também é referida como *secularismo*, sendo que esse último termo foi utilizado pela primeira vez em George Jacob Holyoake (*The origin and nature of secularism*, 1896, p. 50), onde se lê: "Então, como agora, havia inúmeras pessoas, em todos os lugares, a serem atendidas por aqueles que explicavam tudo com base em princípios sobrenaturais, com toda a confiança do conhecimento infinito (...) Isso me levou à conclusão de que o dever de observar as maneiras da natureza era incumbência de todos os que iriam encontrar verdadeiras condições de aperfeiçoamento humano, ou novas razões para a moralidade — ambas muito necessárias. Para esse fim, o nome Secularismo foi dado para certos princípios que tinham como seu objeto o aperfeiçoamento humano através de meios materiais, relacionados com a Ciência como a Providência do homem, e que justificavam a moralidade com considerações que são pertencentes apenas a essa vida".

[337] V. Charles Taylor. *A secular age*. 2007. p. 3 ("A mudança para a laicidade, nesse sentido, consiste, entre outras coisas, de um movimento de uma sociedade onde a crença em Deus é inquestionável e, de fato, não problematizada, para uma em que ela é entendida como uma opção entre outras, sendo que, frequentemente, não é a mais simples de se adotar").

[338] Em relação à desejável situção de equilíbrio e tolerância mútua, v. Noah Feldman. *Divided by God*: America's Church-State problem: and what we should do about it. 2005. p. 251 ("Os secularistas devem aceitar o fato de que os valores religiosos formam uma importante fonte de identidades e crenças políticas para a maioria dos americanos, enquanto os evangélicos necessitam reconhecer que a separação das instituições do governo daquelas da religião é essencial para evitar o conflito político-religioso aberto").

[339] V. John Rawls. *Collected Papers*. 1999. p. 457; e Robert Nozick. *Anarchy, State, and utopia*. 1974, p. 33.

aceitação universal.[340] Não se pode aprofundar essa discussão sem se desviar dos propósitos principais do presente trabalho.[341] Essas noções de laicidade e neutralidade, contudo, representam um esforço para libertar a dignidade humana de qualquer doutrina religiosa ou política abrangente, associando-a com a ideia de razão pública, desenvolvida com maestria por John Rawls.[342]

Por fim, algumas poucas palavras sobre o *universalismo* e sua ideia correlata — o multiculturalismo. O multiculturalismo implica em respeito e apreço pela diversidade étnica, religiosa e cultural. Desde o final do século XX, tem se tornado amplamente aceito que o multiculturalismo é baseado em valores não apenas coerentes com as democracias liberais, mas também exigidos por elas.[343] As minorias têm direito às suas identidades e diferenças, bem como o direito de serem reconhecidas. Não há dúvida de que a dignidade humana corrobora tal entendimento. Contudo, a dignidade humana, no seu significado essencial, tem também uma pretensão universalista, simbolizando o tecido que mantém a família humana unida. Nesse domínio, algum grau de idealismo iluminista se faz necessário, para que se possam confrontar práticas e costumes arraigados de violência, opressão sexual e tirania. É claro que essa é uma batalha de ideias, a ser vencida com paciência e perseverança. Tropas não conseguirão fazê-lo.[344] Para esse propósito, a Declaração Universal dos Direitos Humanos (DUDH) oferece um bom guia. Pode-se destacar a escolha da expressão "universal" ao invés de "internacional". A DUDH foi aprovada pela Assembleia Geral das Nações Unidas em 12

[340] V. Joseph Raz. *The morality of freedom*. 1986. p. 117-121, alegando que a neutralidade é "impossível e fantasiosa".

[341] Para uma defesa da neutralidade liberal como uma ideia válida, v. Wojciech Sadurski (Joseph Raz on liberal neutrality and the harm principle. *Oxford Journal of Legal Studies*, n. 10, p. 125, 1990); e Will Kymlicka (Liberal individualism and liberal neutrality, *Ethics*, n. 99, p. 883).

[342] "Razão pública" é uma expressão utilizada pela primeira vez por Kant em *What is enlightenment* (1784), e que foi desenvolvida por John Rawls, especialmente nos livros *A theory of justice* (1971) e *Political liberalism* (1993). A razão pública é uma noção essencial na democarcia liberal pluralista, onde as pessoas são livres para aderir a diversas e conflitantes doutrinas abrangentes e razoáveis. Nesse cenário, as discussões e deliberações realizadas na esfera pública política por juízes, membros do governo e até mesmo candidatos a cargos públicos devem ser baseadas em concepções políticas que possam ser compartilhadas pelo conjunto dos cidadãos livres e iguais. V. John Rawls (*The law of peoples*. 1999. p. 131-180. Disponível em: <http://plato.stanford.edu/entries/rawls/#PubRea>). Deve-se acrescentar que Rawls diferencia a razão pública da razão secular, por entender esta última como uma doutrina abrangente não religiosa. V. John Rawls. *The law of peoples*. 1999. p. 143.

[343] V. Will Kymlicka. *Multicultural citizenship*: a liberal theory of minority rights. 1995.

[344] Em uma inspirada passagem na qual cita Holmes, Louis Menand escreveu: "É claro que as civilizações são agressivas, diz Holmes, mas quando elas pegam em armas com a finalidade de impor sua concepção de civilidade sobre outros, elas sacrificam a sua vantagem moral" (*The metaphysical club*: a story of ideas in America. 2002. p. 45).

de outubro de 1948, com 48 votos a favor, zero contra e 8 abstenções. Ela simboliza o mínimo ético a ser perseguido na finalidade de preservar e promover a dignidade humana. Os princípios e direitos consagrados na DUDH — que tradicionalmente é vista como *soft law* — têm sido desenvolvidos e especificados em outros documentos internacionais, considerados como vinculantes, como o Pacto Internacional de Direitos Civis e Políticos[345] e o Pacto internacional de Direitos Econômicos, Sociais e Culturais,[346] ambos de 16 de dezembro de 1996. Além desses documentos, existem inúmeros outros patrocinados pela ONU,[347] assim como tratados e convenções regionais nas Américas,[348] Europa[349] e África[350] que incorporaram alguns dos conceitos da DUDH.

Antes de seguir em frente, cumpre retomar um argumento anterior de modo ligeiramente mais analítico. A dignidade humana e os direitos humanos (ou fundamentais) são intimamente relacionados, como as duas faces de uma mesma moeda ou, para usar uma imagem comum, as duas faces de Jano.[351] Uma, voltada para a filosofia, expressa os valores morais que singularizam todas as pessoas, tornando-as merecedoras de igual respeito e consideração; a outra é voltada para o Direito, contemplando os direitos fundamentais. Esses últimos representam a moral sob a forma de Direito ou, como assinalado por Jürgen Habermas, "uma fusão do conteúdo moral com o poder de coerção do Direito".[352]

---

[345] Em outubro de 2010, 116 países haviam depositado as suas ratificações. V. <http://treaties.un.org/Pages/ViewDetails.aspx?src=TREATY&mtdsg_no=IV-4&chapter=4&lang=em>.

[346] Em outubro de 2010, 160 países haviam depositado as suas ratificações. V. <http://treaties.un.org/Pages/ViewDetails.aspx?src=TREATY&mtdsg_no=IV-4&chapter=4&lang=em>.

[347] Tais como, por exemplo, a Convenção para a Prevenção e Repressão do Crime de Genocídio (1948), a Convenção contra a Tortura e outras Formas Cruéis, Desumanas ou Degradantes de Tratamento ou Punição (1984), Convenção sobre a Eliminação de todas as Formas de Discriminação contra a Mulher (1979), Convenção sobre a Eliminação de todas as Formas de Discriminação Racial (1985), Convenção sobre os Direitos da Criança (1989), Convenção Internacional sobre a Proteção dos Direitos de Todos os Trabalhadores Migrantes e Membros das suas Famílias (1990).

[348] V. Convenção Americana de Direitos Humanos (1969) – Pacto de São José da Costa Rica.

[349] V. Convenção Europeia de Direitos Humanos, de 1950, reformada pelo Protocolo nº 11, de 1º.11.1998.

[350] V. Carta Africana de Direitos Humanos e dos Povos – Carta de Banjul, 1979, adotada em 27.07.1981.

[351] V. Jürgen Habermas. The concept of human dignity and the realistic utopia of human rights. *Metaphilosophy*, n. 41, p. 464, 470, 2010. ("Como a promessa moral de igual respeito a todos precisa ser traduzida em linguagem jurídica, os direitos humanos exibem uma face de Jano, voltada simultaneamente para a moral e para o Direito. Apesar do seu conteúdo exclusivamente moral, eles têm a forma de direitos individuais aplicáveis").

[352] Jürgen Habermas. The concept of human dignity and the realistic utopia of human rights. *Metaphilosophy*, n. 41, p. 479, 2010.

Nessa linha, os tópicos seguintes são dedicados a identificar o conteúdo moral de cada um dos elementos apontados como parte do núcleo essencial da dignidade humana, assim como determinar quais são as suas implicações jurídicas no que se refere aos direitos fundamentais.

1 Valor intrínseco

O valor intrínseco é, no plano filosófico, o elemento ontológico da dignidade humana, ligado à natureza do ser.[353] Corresponde ao conjunto de características que são inerentes e comuns a todos os seres humanos, e que lhes confere um *status* especial e superior no mundo, distinto do de outras espécies.[354] O valor intrínseco é oposto ao valor atribuído ou instrumental,[355] porque é um valor que é bom em si mesmo e que não tem preço.[356] A singularidade da natureza humana é uma combinação de características e traços inerentes que incluem inteligência, sensibilidade e a capacidade de se comunicar.[357] Há uma consciência crescente, todavia, de que a posição especial da condição humana não autoriza arrogância e indiferença em relação à natureza em geral, incluindo os animais irracionais, que possuem a sua própria espécie de dignidade.[358] Do valor intrínseco do ser humano decorre um postulado antiutilitarista

---

[353] A ontologia é um ramo da metafísica que estuda as características fundamentais de todas as coisas e sujeitos, incluindo aquilo que cada ser humano tem e não pode deixar de ter. Isso inclui questões como a natureza da existência e a estrutura da realidade. V. Nicola Abbagnano (*Dicionário de Filosofia*. 1988. p. 662); e Ted Honderich (*The Oxford Companion to Philosophy*. 1995. p. 634).

[354] George Kateb. *Human dignity*. 2011. p. 5 ("Nós podemos distinguir entre a dignidade de cada ser humano em particular e a dignidade da espécie humana como um todo").

[355] V. Daniel P. Sulmasy (Human dignity and human worth. *In*: MALPAS, Jeff; LICKISS, Norelle (Ed.). *Perspectives on human dignity*: a conversation. 2007. p. 15).

[356] Immanuel Kant. *Groundwork of the metaphysics of morals*. 1998. p. 42.

[357] Esses conceitos abrangem a capacidade de aprender, de acumular conhecimento, de sentir dor e felicidade, assim como a linguagem (falada e escrita) e outras aptidões, tais como música e matemática. Para uma ênfase na línguagem como chave para a singularidade humana, v. Jean-Jacques Rousseau. *Discourse on the origins and foundations of inequality among men*, 1992. (publicado originalmente em 1755), p. 29 *et seq*. De acordo com George Kateb (*Human dignity*, 2011, p. 142): "Falar é uma ruptura com a natureza, o testemunho mais importante que a espécie humana é, em parte, descontínua com a natureza e, por essa razão, talvez mais do que qualquer outra, a mais elevada das espécies".

[358] V. Martha Nussbaum. Human dignity and political entitlements. *In*: HUMAN dignity and bioethics, Essays Commissioned by the President's Council on Bioethics, p. 365 ("[...] Nós podemos facilmente seguir em frente para reconhecer que o mundo contém muitas variedades distintas de dignidade, algumas humanas e algumas pertencentes a outras espécies"). V. também Martha Nussbaum (*Frontiers of justice*, 2006); Philipp Balzer, Klaus Peter Rippe e Peter Schaber (Two concepts of dignity for humans and non-human organisms in the context of genetic engineering. *Journal of Agricultural & Environmental Ethics*, n. 13, p. 7, 2000).

e outro antiautoritário. O primeiro se manifesta no imperativo categórico kantiano do homem como um fim em si mesmo, e não como um meio para a realização de metas coletivas ou de projetos pessoais de outros; o segundo, na ideia de que é o Estado que existe para o indivíduo, e não o contrário.[359] É por ter o valor intrínseco de cada pessoa como conteúdo essencial que a dignidade humana é, em primeiro lugar, um valor objetivo[360] que não depende de qualquer evento ou experiência e que, portanto, não pode ser concedido ou perdido, mesmo diante do comportamento mais reprovável. Ela independe até mesmo da própria razão, estando presente em bebês recém-nascidos e em pessoas senis ou com qualquer grau de deficiência mental.[361]

No plano jurídico, o valor intrínseco está na origem de um conjunto de direitos fundamentais. O primeiro deles é o *direito à vida*,[362] uma pré-condição básica para o desfrute de qualquer outro direito. A dignidade humana preenche quase inteiramente o conteúdo do direito à vida, deixando espaço apenas para algumas poucas situações específicas e controversas, como o aborto, o suicídio assistido e a pena de morte. Guerra[363] e genocídio[364] são melhor compreendidos como circunstâncias

---

[359] A *dignidade do Estado* foi parte da propaganda nacional-socialista para desacreditar as instituições democráticas na Alemanha. V. Jochen Abr. Frowein (Human dignity in international law. *In*: KRETZMER, David; KLEIN, Eckart. *The concept of human dignity in human rights discourse*. 2002. p. 123). A Constituição de 1977 da antiga União Soviética fazia referência à "dignidade da cidadania soviética" (art. 59) e à "dignidade nacional" (art. 64). A Constituição da República Popular da China dispõe que o Estado deve defender a "dignidade do sistema legal socialista" (art. 5).

[360] V. Ronald Dworkin. *Is democracy possible here*: principles for a new political debate. 2006. p. 9, 10 ("Cada vida humana tem um tipo especial de valor objetivo (...) O sucesso ou fracasso de qualquer vida humana é importante em si mesmo (...) (e) todos nós deveríamos lamentar uma vida desperdiçada como algo ruim em si, seja a vida em questão a nossa ou a de qualquer outra pessoa").

[361] Esse ponto de vista se afasta da afirmação kantiana segundo a qual a dignidade está baseada na razão. V. Immanuel Kant (*Groundwork of the metaphysics of morals*. 1998. p. 43).

[362] Em relação do direito à vida, v. os seguintes documentos internacionais: Declaração Universal dos Direitos Humanos (DUDH) de 1948, art. III; Pacto Internacional dos Direitos Civis e Políticos (Pacto das Nações Unidas) de 1961, art. 6, que permite a pena de morte; a Convenção Americana de Direitos Humanos (Convenção Americana) de 1969, art. 4, que também permite a pena de morte; a Carta Europeia dos Direitos Fundamentais (Carta Europeia), 2000, art. 2, que proíbe expressamente a pena de morte; a Carta Africana dos Direitos Humanos e dos Povos (Carta Africana), 1979, art. 4, sem qualquer referência à pena de morte. A Carta Europeia foi republicada no *Jornal Oficial da União Europeia* em 30 de março de 2010. Na Constituição dos EUA, o direito à vida é mencionado na Quinta e na Décima Quarta Emendas.

[363] A Convenção de Genebra, concernente à proteção da população civil em tempos de guerra, foi adotada em agosto de 1949. Nos Estados Unidos, a Lei de Crimes de Guerra foi promulgada em 1996.

[364] A Convenção das Nações Unidas sobre a Prevenção e Punição do Crime de Genocídio entrou em vigor em 12 de janeiro de 1951.

patológicas. Um segundo direito diretamente relacionado com o valor intrínseco de cada indivíduo é a *igualdade perante a lei e na lei*.[365] Todos os indivíduos têm igual valor e por isso merecem o mesmo respeito e consideração.[366] Isso implica na proibição de discriminações ilegítimas devido à raça, cor, etnia ou nacionalidade, sexo, idade ou capacidade mental (o direito à não discriminação) e no respeito pela diversidade cultural, linguística ou religiosa (o direito ao reconhecimento).[367] A dignidade humana ocupa apenas uma parte do conteúdo da ideia de igualdade, e em muitas situações pode ser aceitável que se realizem diferenciações entre as pessoas. No mundo contemporâneo isso está particularmente em discussão nos casos envolvendo ações afirmativas e direitos de minorias religiosas. O valor intrínseco também leva a outro direito fundamental, o *direito à integridade* física e psíquica. O *direito à integridade física*[368] abrange a proibição da tortura, do trabalho escravo e das penas cruéis ou degradantes.[369] É no âmbito desse direito que se desenvolvem discussões sobre prisão perpétua, técnicas de interrogatório e condições nas prisões. Por fim, o *direito à integridade psíquica ou mental*,[370] na Europa e em muitos países da tradição do *civil law*, compreende o direito à honra pessoal e à imagem, bem como à privacidade. A noção de privacidade nos Estados Unidos, porém, é bastante peculiar.[371]

---

[365] V. Declaração Universal de Direitos Humanos, artigos II e VII; Carta da ONU, artigos 26 e 27; Convenção Americana, art. 24; Carta Europeia, art. 20 a 23; e Carta Africana, art. 3. Na Constituição dos Estados Unidos, o direito à igualdade corresponde à Cláusula da Igual Proteção, expressa na Décima Quarta Emenda.

[366] Ronald Dworkin. *The sovereign virtue*: the theory and practice of equality. 2002. p. 1-7.

[367] Sobre direitos das minorias, multiculturalismo e identidade, v., para diferentes perspectivas, Nancy Fraser (*Redistribution or recognition?*. A political-philosophical exchange, 2003) e Axel Honneth (*The struggle for recognition*: the moral grammar of social conflicts, 1996).

[368] V. Declaração Universal de Direitos Humanos, artigos IV e V; Carta da ONU, artigos 7 e 8; Convenção Americana, artigos 5 e 6; Carta Europeia, artigos 3 a 5 e Carta Africana, artigos 4 e 5.

[369] Na Constituição dos Estados Unidos, a maioria dessas matérias é tratada com base na proibição de "penas cruéis e incomuns" prevista na Oitava Emenda.

[370] V. Declaração Universal de Direitos Humanos, artigos VI e XII; Carta da ONU, artigos 16 e 17; Convenção Americana, artigos 11 e 18; Carta Europeia, artigo 3 e Carta Africana, artigo 4.

[371] Na Constituição dos Estados Unidos não há referência expressa à privacidade. De um lado, aspectos da privacidade são protegidos pela proibição de buscas e apreensões não razoáveis, contida na Quarta Emenda. De outro lado, a honra pessoal e o direito à imagem não têm *status* de direitos constitucionais, diferentemente do que se passa em muitos outros países e do que consta da Carta Europeia dos Direitos Fundamentais. Por fim, a jurisprudência norte-americana trata sob o rótulo de direitos de privacidade situações que em outros países se enquadram na categoria de liberdade e igualdade perante a lei, como o direito ao uso de anticoncepcionais e o direito de praticar atos íntimos entre adultos.

Existe, pelo mundo todo, uma quantidade razoável de precedentes envolvendo direitos fundamentais derivados da dignidade humana como valor intrínseco. No que se refere ao *direito à vida*, o aborto é permitido nos primeiros estágios da gravidez na maioria das democracias do Atlântico Norte, incluindo Estados Unidos, Canadá, França, Reino Unido e Alemanha. A dignidade humana, nesses países, não tem sido interpretada como um reforço do direito à vida do feto em contraposição à vontade da gestante.[372] Esse ponto será retomado na última seção do presente livro. Ao contrário do aborto, o suicídio assistido é ilegal na maioria dos países do mundo, embora haja um número crescente de exceções, que incluem Holanda, Bélgica, Colômbia e Luxemburgo, entre outros.[373] Nos Estados Unidos, ele é permitido nos estados do Oregon, Washington e Montana. A principal preocupação aqui não é com a cessação da vida dos pacientes que são doentes terminais, em estágio vegetativo ou sofrendo de modo insuportável e permanente, mas com a possibilidade de pessoas vulneráveis sofrerem abusos.[374] Quanto à pena de morte, ela foi banida da Europa e da maioria dos países do mundo, sendo que os Estados Unidos continuam como uma exceção marcante entre as democracias ocidentais.[375] Embora possua alicerces na tradição histórica americana, é difícil defender que a pena de morte seja compatível com a dignidade humana, já que implica na objetificação completa do indivíduo cuja vida e humanidade sucumbem diante de um suposto interesse público — altamente questionável — que seria realizado por meio dessa forma de retribuição.

Em relação à *igualdade*, a prática de ações afirmativas foi acolhida em países como Estados Unidos,[376] Canadá[377] e Brasil,[378] e é

---

[372] Giovanni Bognetti. The concept of human dignity in European and U.S. constitutionalism. *In*: NOLTE, George (Ed.). *European and U.S. constitutionalism*. 2005. p. 99.

[373] Para uma pesquisa da legislação sobre o assunto em diferentes países, v. <http://www.finalexit.org/assisted_suicide_world_laws.html>.

[374] V. Martha Nussbaum. Human dignity and political entitlements. *In*: HUMAN dignity and bioethics, Essays Commissioned by the President's Council on Bioethics, p. 373: Eu timidamente permitiria um direito limitado ao suicídio com auxílio médico como uma forma de mostrar respeito às pessoas cuja visão geral da vida acolhe amplamente o suicídio em caso de doenças terminais (...) *caso* ele seja cercado de salvaguardas suficientes para impedir as pressões e manipulações (...) O risco de abuso é a única boa razão que posso imaginar em apoio à recusa de tornar o suicídio assistido uma prática ilegal".

[375] De acordo com a Anistia Internacional, mais de dois terços dos países do mundo (96 ao final de 2010) aboliram a pena de morte, legalmente ou na prática. V. <http://www.amnesty.org/en/death-penalty/numbersi>. Acesso em: 30 maio 2011.

[376] Em *Grutter* v. *Bollinger*, 539 U.S. 306 (2003), a Corte julgou procedente o uso da raça como uma variável válida nos processos de admissão da Faculdade de Direito da Universidade de Michigan, desde que esse uso fosse precisamente ajustado ao contexto ("narrowly tailored"). Em *Gratz* v. *Bollinger*, 593 U.S. 244 (2003), contudo, a Corte considerou que o uso de preferências raciais nos processos de admissão da mesma faculdade, por meio da distribuição

expressamente autorizada pela Convenção sobre a Eliminação de Todas as Formas de Discriminação Racial.[379] Por outro lado, os direitos das minorias religiosas têm sofrido derrotas, especialmente na Europa, onde o uso do véu islâmico integral em público ou foi proibido[380] ou é objeto de discussão em vários Estados membros.[381] Nesses países, o Judiciário e o Legislativo têm deixado de conferir proteção plena à dignidade de grupos minoritários, considerando que o direito à identidade desses grupos é sobrepujado por um alegado interesse público relativo à segurança, preservação cultural e proteção dos direitos das mulheres. No que se refere à integridade física — ou, de acordo com a terminologia americana, penas cruéis e incomuns — juízes e juristas têm repetidamente afirmado que a tortura é uma prática completamente inadmissível.[382] Mais recentemente, nos Estados Unidos, a Suprema Corte declarou que a superlotação das prisões na Califórnia violava a Oitava Emenda.[383] O voto majoritário, redigido pelo *Justice* Kennedy, fez referências à "dignidade", à "dignidade do homem" e à "dignidade humana".[384] Finalmente, tratando-se da integridade psíquica, o típico desafio no mundo contemporâneo diz respeito ao conflito entre o direito à privacidade (entendido como honra pessoal ou imagem) e a liberdade de expressão, particularmente a de imprensa. Aspectos da dignidade

---

automática de um quinto dos pontos necessários para garantir a admissão a candidatos que eram membros de "minorias subrepresentadas" não havia sido ajustado de forma adequada.

377 A Carta Canadense de Direitos e Liberdades, na Subsecção 2 do artigo 15, estabelece que a cláusula da igualdade "não impede qualquer lei, programa ou atividade que tenha como seu objeto o melhoramento das condições de indivíduos ou grupos desfavorecidos, incluindo aqueles que são desfavorecidos devido à sua raça, nacionalidade ou origem étnica, cor, religião, sexo, idade ou deficiência física".

378 No Brasil, algumas universidades públicas criaram sistemas de cotas para minorias raciais no seu processo de admissão. O Supremo Tribunal Federal julgou a ADPF nº 186, que questionava as normas que permitem essa prática, concluindo em favor da sua validade. V. STF. ADPF nº 186, *Informativo STF,* n. 663, abr. 2012 (<http://www.stf.jus.br/arquivo/informativo/documento/informativo663.htm>).

379 Art. 2.2. A Convenção entrou em vigor em 4 de janeiro de 1969.

380 Esse é o caso da França. O Conselho Constitucional validou a lei que estabeleceu a proibição. V. Decisão nº 2010 – 613 DC, de 7 de outubro de 2010.

381 V. EU Leaders Dodge Islamic Veil Ban Issue, *E.U. Observer* 19 jul. 2010. Disponível em: <http://euobserver.com/9/30502>.

382 V., decisão da Suprema Corte de Israel em *Public Committee Against Torture in Israel v. The State of Israel & The General Security Service.* HCJ 5100/94 (1999). Disponível em: <http://elyon1.court.gov.il/files_eng/94/000/051/a09/94051000.a09.pdf>. V. também Dieter Grimm. Die Würde des Menschen ist unantastbar. *In*: 24 *Kleine Reihe*. 2010. p. 10, 11. ("Uma sociedade comprometida com a dignidade humana nunca poderia defender a si mesma através da negação da dignidade das outras pessoas").

383 *Brown* v. *Plata,* 563 U.S.

384 *Brown* v. *Plata,* 563 U.S. P. 12 (ainda não publicado).

humana estão presentes em ambos os lados — dignidade como valor intrínseco *versus* dignidade como autonomia — e os resultados desses casos são influenciados por contextos culturais distintos. Um exemplo recente desse conflito entre culturas jurídicas se deu quando a polícia de Nova York efetuou a prisão de uma figura pública francesa, que foi então exposta algemada à imprensa e obrigada a caminhar diante das câmeras por ocasião da apresentação ao juiz. Embora essa seja uma prática policial comum nos Estados Unidos, onde é chamada de "*perp walk*", o episódio foi considerado por muitos como uma violação de privacidade desnecessária e abusiva.[385]

2 Autonomia[386]

A autonomia é o elemento ético da dignidade humana. É o fundamento do livre arbítrio dos indivíduos, que lhes permite buscar, da sua própria maneira, o ideal de viver bem e de ter uma vida boa. A noção central aqui é a de autodeterminação: uma pessoa autônoma define as regras que vão reger a sua vida.[387] Em seção anterior, foi apresentada a concepção kantiana de autonomia, entendida como a vontade orientada pela lei moral (*autonomia moral*). Nesse tópico, o foco volta-se para a *autonomia pessoal*, que é valorativamente neutra e significa o livre exercício da vontade por cada pessoa, segundo seus próprios valores, interesses e desejos.[388] A autonomia pressupõe o preenchimento de determinadas condições, como a *razão* (a capacidade mental

---

[385] V. Sam Roberts (An american rite: suspects on parade (bring a raincoat). *The New York Times*, 20 May, 2011, p. A17) mencionando que um "ex-Ministro da Justiça francês" teria dito que o comportamento da polícia foi "de uma brutalidade, violência e crueldade inacreditáveis".

[386] V. Robert Post. *Constitutional domains*: democracy, community, management. 1995. p. 1-10; Joseph Raz. *The morality of freedom*. 1986. p. 155, 156, 204, 205, 369-381, 400-415; Ronald Dworkin. *Justice for hedgehogs*, p. 4-19; John Christman e Joel Anderson (Ed.). *Autonomy and the challenges to liberalism*, p. 1-19; Richard H. Fallon Jr. Two senses of autonomy. *Stanford Law Review*, n. 46, p. 875, 1994; Beate Rossler. Problems with autonomy, *Hypatia*, n. 17, p. 143, 2002; Jack Crittenden. The social nature of autonomy. *The Review of Politics*, n. 55, p. 35, 1993; e Robert Post. Dignity, autonomy, and democracy, *Working Papers*, 2000-11 publicado pelo Institute of Governmental Studies. Disponível em: <http://igs.berkeley.edu/publications/working_papers/WP2000-11.pdf>.

[387] Robert Post. *Dignity, autonomy and democracy*. 2000-11. p. 3.

[388] A distinção é explorada em Jeremy Waldron (Moral autonomy and personal autonomy. *In*: CHRISTMAN, John; ANDERSON, Joel (Ed.). *Autonomy and the challenges to liberalism*, p. 307-29). Fallon divide a autonomia em autonomia descritiva (considerando o efeito de fatores causais externos sobre a liberdade individual) e autonomia adscritiva (representando a soberania de cada pessoa sobre as suas próprias escolhas morais particulares). V. Richard H. Fallon, Jr. Two senses of autonomy, *Stanford Law Review*, n. 46, p. 875, 1994.

de tomar decisões informadas), a *independência* (a ausência de coerção, de manipulação e de privações essenciais) e a *escolha* (a existência real de alternativas). Note-se que no sistema moral kantiano a autonomia é a vontade que não sofre influências heterônomas e corresponde à ideia de liberdade.[389] Contudo, na prática política e na vida social, a vontade individual é restringida pelo direito e pelos costumes e normas sociais.[390] Desse modo, ao contrário da autonomia moral, a autonomia pessoal, embora esteja na origem da liberdade, corresponde apenas ao seu núcleo essencial. A liberdade tem um alcance mais amplo, que pode ser limitado por forças externas legítimas. Mas a autonomia é a parte da liberdade que não pode ser suprimida por interferências sociais ou estatais por abranger as decisões pessoais básicas, como as escolhas relacionadas com religião, relacionamentos pessoais, profissão e concepções políticas, entre outras.

A autonomia, portanto, corresponde à capacidade de alguém tomar decisões e de fazer escolhas pessoais ao longo da vida, baseadas na sua própria concepção de bem, sem influências externas indevidas. Quanto às suas implicações jurídicas, a autonomia está subjacente a um conjunto de direitos fundamentais associados com o constitucionalismo democrático, incluindo as liberdades básicas (autonomia privada) e o direito à participação política (autonomia pública).[391] Com a ascensão do Estado de bem-estar social, muitos países ao redor do mundo passaram a incluir, na equação que resulta em verdadeira e efetiva autonomia, o direito fundamental social a condições mínimas de vida (o mínimo existencial). Analisa-se brevemente, a seguir, cada uma dessas três categorias: autonomia privada, autonomia pública e mínimo existencial. A autonomia privada é o conceito-chave por trás das liberdades individuais, incluindo aquelas que nos Estados Unidos são normalmente protegidas sob o guarda-chuva da privacidade. Dessa forma, as liberdades de religião, expressão e associação, assim como

---

[389] Immanuel Kant. *Groundwork of the metaphysics of morals*. 1998. p. 52 ("O que, então, pode ser a liberdade da vontade que não a autonomia?").

[390] Robert Post. *Constitutional domains*: democracy, community, management. 1995. p. 1.

[391] Essa distinção entre autonomia privada e pública é a pedra de toque da "abordagem reconstrutivista do direito" de Jürgen Habermas, o mais proeminente filósofo alemão contemporâneo. V. Jürgen Habermas (*Between facts and norms*: contributions to a discourse theory of law and democracy, 1996, p. 84-104) em que ele procura reconciliar duas concepções normalmente consideradas como alternativas: a democracia liberal, baseada essencialmente na ideia de direitos humanos, e o republicanismo cívico, que considera a soberania popular ("nós, o povo") a ideia chave. De acordo com Habermas, o relacionamento entre autonomia pública e privada é de "co-originariedade", no sentido de que uma pressupõe a outra. Pode-se ler na p. 104: "A co-originariedade entre autonomia pública e privada revela primeiramente a si mesma quando nós deciframos, em termos teorético-discursivos, a ideia principal da autolegislação, segundo a qual os destinatários da lei devem ser simultaneamente os autores dos seus direitos".

os direitos sexuais e reprodutivos, são importantes manifestações da autonomia privada. É claro que da autonomia privada não derivam direitos absolutos.[392] É importante relembrar que a autonomia está apenas no núcleo essencial das diferentes liberdades e direitos, não ocupando toda a sua extensão. Por exemplo: como resultado da sua liberdade de ir e vir, um indivíduo pode decidir onde fixar residência, uma escolha estritamente pessoal; do mesmo modo, ele pode decidir onde passar suas próximas férias. Mas se uma legislação ou regulação válida o proibir de visitar um determinado país — digamos, a Coreia do Norte ou o Afeganistão — não se poderia pensar, ao menos em princípio, que essa restrição represente uma violação à sua dignidade humana. Finalmente, podem existir colisões entre a autonomia de indivíduos diferentes,[393] assim como entre a autonomia, de um lado, e a dignidade como valor intrínseco ou como valor comunitário, do outro.[394] Assim, a autonomia privada, como um elemento essencial da dignidade humana, oferece um relevante parâmetro para a definição do conteúdo e do alcance dos direitos e liberdades, mas não dispensa o raciocínio jurídico da necessidade de sopesar fatos complexos e de levar em consideração normas aparentemente contraditórias, com a finalidade de atingir um equilíbrio adequado diante das circunstâncias.

A autonomia privada, como visto, significa autogoverno do indivíduo.[395] Isso corresponde ao que Benjamin Constant chamou de "liberdade dos modernos", baseada nas liberdades civis, no Estado de direito e na proteção contra a interferência estatal abusiva.[396] A autonomia pública, por sua vez, está ligada à "liberdade dos antigos", uma liberdade *republicana*, associada com a cidadania e com a participação na vida política. Os gregos antigos viam a cidadania como uma

---

[392] De fato, a liberdade de religião pode ser limitada na esfera pública; a liberdade de expressão pode sofrer restrições quando se trate, por exemplo, de publicidade comercial, e a liberdade de interromper a gravidez pode não prevalecer após certo ponto de desenvolvimento do feto.

[393] Um exemplo: o direito de consumir um produto lícito, como um cigarro, *versus* o direito de alguma outra pessoa de não se tornar um fumante passivo involuntário.

[394] Como quando, por exemplo, a vontade do paciente de dar fim à sua própria vida é frustrada pelo dever do médico de proteger a vida ou pela percepção jurídico-social de que essa é uma decisão inaceitável.

[395] John Christman e Joel Anderson (Ed.). *Autonomy and the challenges to liberalism*, p. 14 (comparando as abordagens liberais e republicanas como uma divisão "entre autonomia como auto-governo individualizado e autonomia como uma autolegislação coletiva instituída socialmente").

[396] Benjamin Constant. *The liberty of ancients compared with that of moderns*. 1816. Disponível em: <http://www.uark.edu/depts/comminfo/cambridge/ancients.html>. ("O perigo da liberdade dos antigos era que os homens, exclusivamente preocupados em assegurar a sua quota de poder social, poderiam atribuir muito pouco valor aos direitos individuais e ao seu desfrute (...) O perigo da liberdade dos modernos é que, absorvidos no desfrute da nossa independência privada e na busca de nossos interesses particulares, nós renunciemos muito facilmente ao nosso direito de partilhar do poder político").

obrigação moral e dedicavam uma parte substancial do seu tempo e da sua energia nos assuntos públicos, o que era facilitado pelo fato de os escravos realizarem a maior parte do trabalho.[397] Como a democracia é uma associação para o autogoverno,[398] ela exige uma relação mútua entre o cidadão individual e a vontade coletiva.[399] Isso significa que cada cidadão tem o direito de participar do governo direta ou indiretamente. Nesse sentido, a autonomia pública implica nos direitos de votar, concorrer aos cargos públicos, ser membro de associações políticas, fazer parte de movimentos sociais e, particularmente, o direito às condições necessárias para participar do debate público. Idealmente, portanto, todas as leis que os indivíduos são obrigados a respeitar foram criadas com a sua participação, o que lhes assegura o *status* de indivíduos autônomos, e não o de meros súditos heterônomos.[400] No que se refere à autonomia pública, uma importante decisão da Corte Europeia de Direitos Humanos considerou que uma legislação do Reino Unido que negava aos presos o direito ao voto violava a Convenção Europeia de Direitos Humanos.[401] Embora essa decisão tenha sido duramente questionada pelos membros do Parlamento Inglês,[402] a Corte corretamente declarou que "os prisioneiros em geral continuam a gozar dos direitos fundamentais garantidos pela convenção [incluindo o direito ao voto], com exceção do direito à liberdade".[403]

Por fim, ínsito à ideia de dignidade humana está o conceito de mínimo existencial,[404] também chamado de mínimo social,[405] ou o direito

---

[397] Benjamin Constant. *The liberty of ancients compared with that of moderns*, 1816. ("Os escravos cuidavam da maior parte do trabalho. Sem a população escrava de Atenas, os 20.000 atenienses jamais poderiam gastar todo o seu dia em discussões na praça pública").

[398] Ronald Dworkin. *Is democracy possible here*: principles for a new political debate. 2006. p. xii.

[399] Robert Post. *Dignity, autonomy, and democracy*. 2000-11. p. 8.

[400] Robert Post. *Dignity, autonomy, and democracy*. 2000-11. p. 9.

[401] V. *Hirst* v. *The United Kingdom* – 74025/01 [2005] ECHR 681, 42 EHRR 41, (2006) 42 EHRR 41. Também Disponível em: <http://www.bailii.org/eu/cases/ECHR/2005/681.html>.

[402] V. Molly M. Hofsomme. The UK defies European Court of Human Rights by denying all prisoners the right to vote. *The Human Rights Brief*, 23 abr. 2011. Disponível em: <http://hrbrief.org/2011/04/the-uk-defies-european-court-of-human-rights-by-denying-all-prisoners-the-right-to-vote/>. Acesso em: 14 jun. 2011).

[403] V. *Hirst* v. *The United Kingdom* – 74025/01 [2005] ECHR 681, 42 EHRR 41, (2006) 42 EHRR 41. Disponível em: <http://www.bailii.org/eu/cases/ECHR/2005/681.html>.

[404] Essa é a tradução literal da expressão utilizada por autores e cortes alemãs (Existenzminimum). V. Robert Alexy. *A theory of constitutional rights*. 2004. p. 290 ("Dificilmente pode haver alguma dúvida de que o Tribunal Constitucional Federal pressupõe a existência de um direito constitucional ao mínimo existencial").

[405] John Rawls. *Political liberalism*. 2005. p. 228, 229 ("...[U]m mínimo social para as necessidades básicas de todos os cidadãos é também essencial...").

básico às provisões necessárias para que se viva dignamente.[406] A igualdade, em sentido material ou substantivo, e especialmente a autonomia (pública e privada) são ideias dependentes do fato de os indivíduos serem "livres da necessidade" (*free from want*),[407] no sentido de que suas necessidades vitais essenciais sejam satisfeitas. Para serem livres, iguais e capazes de exercer uma cidadania responsável, os indivíduos precisam estar além de limiares mínimos de bem-estar, sob pena de a autonomia se tornar uma mera ficção, e a verdadeira dignidade humana não existir. Isso exige o acesso a algumas prestações essenciais — como educação básica e serviços de saúde —, assim como a satisfação de algumas necessidades elementares, como alimentação, água, vestuário e abrigo. O mínimo existencial, portanto, está no núcleo essencial dos direitos sociais e econômicos, cuja existência como direitos realmente fundamentais — e não como meros privilégios dependentes do processo político — é bastante controvertida em alguns países. A sindicabilidade judicial desses direitos é complexa e produz uma série de impasses em todos os lugares. Apesar dessas dificuldades, a ideia de direitos sociais mínimos que podem ser efetivados pelo Judiciário, não sendo inteiramente dependentes da ação legislativa, foi aceita pela jurisprudência de diversos países, incluindo Alemanha,[408] África do Sul[409] e Brasil,[410] para citar exemplos de diferentes

[406] Jürgen Habermas. *Between facts and norms*: contributions to a discourse theory of law and democracy. 1996. p. 123 ("Direitos básicos para prover as condições de vida que são socialmente, tecnologicamente e ecologicamente garantidas").

[407] No seu Discurso sobre o Estado da União, de 14 de janeiro de 1941, o presidente Franklin D. Roosevelt propôs quatro liberdades que as pessoas "de todos os lugares do mundo" deveriam desfrutar, o que incluía a liberdade de expressão (*freedom of speech*), liberdade de culto (*freedom of worship*), liberdade das necessidades (*freedom from want*) e liberdade do medo (*freedom from fear*). V. o texto integral do discurso em: <http://americanrhetoric.com/speeches/PDFFiles/FDR%20-%20Four%20Freedoms.pdf> (Acesso em: 15 jun. 2011).

[408] Da fórmula constitucional do "Estado social", bem como da cláusula da dignidade humana, o Tribunal Constitucional Federal e o Tribunal Federal Administrativo da Alemanha extraíram um direito ao mínimo existêncial no que se refere à alimentação, moradia e assistência social para pessoas em necessidade. V., por exemplo, Tribunal Constitucional Federal Alemão (BVerfG) e Tribunal FederalAdministrativo Alemão (BVerwG), 1 *BVerfGE* 97,104 *et seq.* (1951); 1 BVerwGE 159, 161 (1954); 25 *BVerwGE* 23, 27 (1966); 40 *BVerfGE121*, 134 (1975); e 45 *BVerfGE* 187 (229) (1977). Para uma discussão mais ampla sobre a justiciabilidade dos direitos sociais, v. Christian Courtis (The right to food as a justiciable right: challenges and strategies, *Max Planck*, n. 11, 2007, p. 317, 330).

[409] O caso *Grootboom* envolvia o acesso a condições adequadas de moradia (*The Government of the Republic of South Africa and others* v. *Irene Grootboom and others*) (CCT38/00) [2000] ZACC 14; 2011 (7) BCLR 651 (CC) (21 September 2000); O caso *Mazibuko* dizia respeito ao acesso a quantidades suficientes de água (*Mazibuko and Others* v. *City of Johannesburg and Others* (CCT 39/09) [2009] ZACC 28; 2010 (3) BCLR 239 (CC); 2010 (4) SA 1 (CC); 2011 (7) BCLR 651 (CC) (8 October 2009).

[410] No Brasil, existem precedentes relacionados com o acesso à educação (STF. *DJ*, 3 fev. 2006, RE nº 410.715/SP, Rel. Min. Celso de Mello); a serviços de saúde e medicamentos

continentes. De acordo com as circunstâncias, os juízes e cortes podem tanto determinar a concessão de um benefício individual, quanto, ao menos, exigir uma ação razoável do Estado.

Nos Estados Unidos, a questão foi levantada pela primeira vez em um famoso discurso do presidente Franklin Delano Roosevelt[411] e na sua proposta subsequente de uma "segunda *Bill of Rights*", apresentada em 11 de janeiro de 1944, que contém menção expressa aos direitos à alimentação adequada, vestuário, moradia decente, educação e cuidados médicos.[412] Embora Roosevelt acreditasse que a implementação dessa *segunda geração* de direitos fosse um dever do Congresso e não do Judiciário, Cass Sunstein defendeu convincentemente que, em casos julgados entre o início da década de 1940 e os primeiros anos da década de 1970,[413] uma série de decisões da Suprema Corte chegou muito perto de reconhecer alguns direitos sociais e econômicos como verdadeiros direitos constitucionais. Segundo Sunstein, uma contrarrevolução ocorreu após Richard Nixon ter sido eleito presidente em 1968, notadamente por causa de suas indicações para a Suprema Corte.[414] Como consequência, a jurisprudência da Corte ficou mais alinhada com a visão tradicional dominante no Direito americano, segundo a qual os direitos fundamentais não conferem aos seus titulares direitos a prestações estatais positivas. Mais recentemente, a Reforma da Saúde de 2010 reacendeu esse debate. O ponto de vista defendido nesse trabalho

---

[STF. *DJ*, 29 abr. 2010, STA nº 175/CE, Rel. Min. Gilmar Mendes (Presidente)]; e com ações afirmativas em favor de pessoas portadoras de deficiências (STF. *DJ*, 17 out. 2008, ADI nº 2.649/DF, Relª. Minª. Cármen Lúcia).

[411] V. o já referido discurso em: <http://americanrhetoric.com/speeches/PDFFiles/FDR%20-%20Four%20Freedoms.pdf>. Acesso em: 15 jun. 2011.

[412] A proposta foi também apresentada em um Discurso sobre o Estado da União, quando ele anunciou um plano para uma declaração de direitos (*bill of rights*) sociais e econômicos.

[413] Cass Sunstein. *The second bill of rights*: FDR's unfinished revolution and why we need it more than ever, 2004, p. 154 *et seq.*, citando casos como *Griffin* v. *Illinois*, 351 U.S. 12 (1956) (sustentando que a cláusula da igual proteção exige que o Estado forneça as transcrições dos julgamentos sem nehum custo para as pessoas pobres que desejem recorrer de suas condenações criminais), *Gideon* v. *Wainright*, 372 U.S. 335 (1963) (estabelecendo que cabe aos estados fornecer advogados para os réus de processos penais que não tenham condições de pagar por um), *Douglas* v. *California*, 372 U.S. 353 (1963) (sustentando que aos indigentes deve ser assegurado aconselhamento jurídico sobre as possibilidades de recurso de uma condenação criminal), *Shapiro* v. *Thompson*, 394 U.S. 618 (1969) (no qual a Corte invalidou uma lei estadual que impôs um período de espera de um ano para que recém-chegados ao estado pudessem requerer benefícios sociais) e *Goldberg* v. *Kelly*, 397 U.S. 254 (1970) (estabelecendo que o encerramento da prestação de benefícios sociais sem uma audiência prévia violou a cláusula do devido processo legal).

[414] Cass Sunstein. *The second bill of rights*: FDR's unfinished revolution and why we need it more than ever, 2004, p. 163 ("o evento crucial foi a eleição do Presidente Nixon em 1968 e suas quatro indicações para a Corte").

é que o mínimo existencial está no cerne da dignidade humana, e que a autonomia não pode existir onde as escolhas são ditadas apenas por necessidades pessoais.[415] Desse modo, portanto, aos muito pobres deve ser conferida proteção constitucional.[416]

3 Valor comunitário

O terceiro e último elemento, a dignidade humana como *valor comunitário*, também chamada de dignidade como restrição ou dignidade como heteronomia, representa o elemento social da dignidade. Os contornos da dignidade humana são moldados pelas relações do indivíduo com os outros, assim como com o mundo ao seu redor. A autonomia protege a pessoa de se tornar apenas mais uma engrenagem do maquinário social. Contudo, como na famosa passagem de John Donne, "nenhum homem é uma ilha, completa em si mesma".[417] A expressão "valor comunitário", que é bastante ambígua, é usada aqui, por convenção, para identificar duas diferentes forças exógenas que agem sobre o indivíduo: 1. Os compromissos, valores e "crenças compartilhadas"[418] de um grupo social, e 2. As normas impostas pelo Estado. O indivíduo, portanto, vive dentro de si mesmo, de uma comunidade e de um Estado. Sua autonomia pessoal é restringida por valores, costumes e direitos de outras pessoas tão livres e iguais quanto ele, assim como pela regulação estatal coercitiva. Autonomia,

---

[415] Joseph Raz. *The morality of freedom*. 1986. p. 155 ("Suas escolhas [dos agentes] não devem ser ditadas por necessidades pessoais").

[416] Ronald Dworkin. *Is democracy possible here*: principles for a new political debate. 2006. p. 8 ("Os muito pobres deveriam ser considerados, do mesmo modo como uma minoria e uma raça vítima de discriminação, como uma classe com direito a especial proteção constitucional").

[417] V. John Donne. *Devotions upon emergent occasions*. 1624. Disponível em: <http://www.ccel.org/ccel/donne/devotions.iv.iii.xvii.i.html> (Meditação XVII: "Nenhum homem é uma ilha, completa em si mesma; cada homem é um pedaço do continente, uma parte do todo... a morte de cada homem me diminui, porque eu estou envolvido pela humanidade e, portanto, nunca perguntes por quem os sinos dobram; eles dobram por ti"). Ou, em versão nacional, inspirada por Vinicius de Moraes, *bastar-se a si mesmo é a maior solidão*. V. Vinicius de Moraes. *A maior solidão é a do ser que não ama*. Disponível em: <http://www.luisrobertobarroso.com.br/wp-content/themes/LRB/pdf/vinicius_de_moraes_a_maior_solidao_e_a_do_ser_que_nao_ama.pdf>.

[418] Philip Selznick. *The moral commonwealth*: social theory and the promise of community. 1992. p. 358: "O ponto principal aqui é que um enquadramento de compromissos, interesses e valores compartilhados seja capaz de unir um conjunto *variado* de grupos e atividades. Alguns desses compromissos, interesses e valores são centrais, outros são periféricos, mas todos estão conectados por vínculos que estabelecem um destino ou fé comum, uma identidade pessoal, um sentido de pertencimento, e uma estrutura de suporte para relacionamentos e atividades".

comunidade e Estado. Em um interessante livro, Robert Post identificou, de modo similar, três formas distintas de ordem social: comunidade ("um mundo compartilhado de fé e destino comuns"), administração (a organização instrumental da vida social através do direito para alcançar objetivos específicos) e democracia (um arranjo que incorpora o objetivo da autodeterminação individual e coletiva).[419] Essas três formas de ordem social pressupõem e dependem umas das outras, mas estão também em constante tensão.[420]

A dignidade como valor comunitário enfatiza, portanto, o papel do Estado e da comunidade no estabelecimento de metas coletivas e de restrições sobre direitos e liberdades individuais em nome de certa concepção de vida boa. A questão relevante aqui é saber em quais circunstâncias e em que grau essas ações devem ser consideradas legítimas em uma democracia constitucional. A máxima liberal de que o Estado deve ser neutro em relação às diversas concepções de bem em uma sociedade pluralista[421] não é incompatível, obviamente, com restrições resultantes da necessária coexistência entre diferentes pontos de vista e de direitos potencialmente conflitantes. Tais interferências, porém, devem ser justificadas sobre as bases de uma ideia legítima de justiça, de um *consenso sobreposto*,[422] que possa ser compartilhado pela maioria dos indivíduos e grupos. O valor comunitário, como uma restrição sobre a autonomia pessoal, busca sua legitimidade na realização de três objetivos: 1. A proteção dos direitos e da dignidade de terceiros; 2. A proteção dos direitos e da dignidade do próprio indivíduo; e 3. A proteção dos valores sociais compartilhados. Embora Kant seja normalmente associado com a dignidade como autonomia, a verdade é que

---

419 Robert Post. *Constitutional domains*: democracy, community, management, 1995. p. 2, 3, 15.

420 Robert Post. *Constitutional domains*: democracy, community, management, 1995. p. 2.

421 Ronald Dworkin, em um ensaio onde propõe uma teoria sobre o liberalismo (*A matter of principle*, 1985, p. 183, 191), afirma que no "cerne do liberalismo", se situa uma determinada concepção de igualdade, e acrescenta que: "As decisões políticas devem ser, tanto quanto possível, independentes de qualquer concepção particular de vida boa ou do que dá valor para a vida. Na medida em que os cidadãos de uma sociedade diferem nas suas concepções, o governo não os trata como iguais quando dá preferência a uma concepção em detrimento de outra, seja porque os agentes públicos acreditam que ela é intrinsecamente superior, seja porque ela é apoiada por grupos mais numerosos ou mais poderosos".

422 "Consenso sobreposto" é uma expressão cunhada por John Rawls que identifica as ideias básicas de justiça capazes de serem compartilhadas por defensores de diferentes doutrinas abrangentes, sejam religiosas, políticas ou morais. V. John Rawls (The idea of overlapping consensus. *Oxford Journal of Legal Studies*, n. 7, p. 1, 1987): "A ideia de um consenso sobreposto nos permite entender como um regime constitucional caracterizado pelo fato do pluralismo pode, apesar de suas profundas divisões, alcançar estabilidade e união social através do reconhecimento público de uma concepção política razoável de justiça...".

seu trabalho fornece bases morais para a ideia de dignidade como valor comunitário, da maneira como aqui apresentada. De fato, o sistema ético kantiano é fundado sobre um dever de moralidade que inclui o respeito por outros e por si mesmo.[423] Nos seus estudos sobre bioética e biodireito, Beyleveld e Brownsword exploraram em profundidade essa concepção kantiana de "dignidade humana como restrição", centrada nas noções de deveres e responsabilidades, em oposição à "dignidade humana como empoderamento", que essencialmente se refere a direitos.[424]

Não é difícil compreender e justificar a existência de um conceito como a dignidade como valor comunitário, que faz parte do conteúdo e delineia os contornos da dignidade humana, ao lado do valor intrínseco e da autonomia. Os objetivos que ele busca alcançar são legítimos e desejáveis, caso as suas linhas sejam corretamente traçadas. O problema crítico aqui são os riscos envolvidos. Quanto ao seu primeiro objetivo — proteção dos direitos e da dignidade de terceiros —, qualquer sociedade civilizada impõe sanções cíveis e criminais para salvaguardar valores e interesses relativos à vida, integridade física e psíquica, propriedade e costumes, entre outros. Não há dúvida, portanto, que a autonomia pessoal pode ser restringida para impedir comportamentos nocivos, seja em nome da noção de *princípio do dano*, desenvolvida por John Stuart Mil,[425] ou então do conceito mais amplo de *princípio da ofensa*, defendido por Joel Feinberg.[426] É verdade que o poder de punir pode

---

[423] V. Immanuel Kant. *The metaphysics of morals*. 1996. p. 259-262.

[424] Deryck Beyleveld e Roger Brownsword (*Human dignity in bioethics and biolaw*, 2001, p. 29-46, 65; Deryck Beyleveld e Roger Brownsword (Human dignity, human rights, and human genetics, *The Modern Law Review*, n. 61, 1998). "Empoderamento", tradução literal de *empowerment*, não se encontra dicionarizada nem no *Aurélio* (1999) nem em *Houaiss* (2001). Seu significado é o de atribuição de poderes, investidura em direitos.

[425] John Stuart Mill (*On liberty*. 1874. p. 21, 22) expressa a visão liberal clássica de que o limite legítimo da autoridade do Estado encontra-se na noção de dano e na sua prevenção. De acordo com Mill: "Aquele princípio dispõe que a autoproteção é o único fim capaz de permitir à humanidade, individual ou coletivamente, interferir na liberdade de ação de qualquer de seus membros. Que a única finalidade pela qual o poder pode ser legitimamente exercido sobre qualquer membro de uma comunidade civilizada, contra sua vontade, corresponde a que se evite dano a outros. Seu próprio bem, físico ou moral, não é uma justificativa suficiente (...) O único aspecto da conduta de alguém, que pode torná-lo submisso à sociedade, é a que diz respeito aos outros. Na parte que diz respeito somente a ele mesmo, seu direito ou independência é absoluto".

[426] Joel Feinberg. *Offense to others*. 1985. p. 1. Feinberg argumenta que o princípio do dano não é suficiente para proteger os indivíduos contra os comportamentos nocivos dos outros e desenvolveu um conceito mais abrangente de "princípio da ofensa", sustentando que impedir o choque, a repugnância, o constrangimento e outros estados mentais desagradáveis também são uma razão relevante para justificar a proibição legal. Nas suas palavras, "aborrecimento passageiro, desgosto, decepção, constrangimento, e várias outras condições desagradáveis, como medo, ansiedade e dores menores ('inofensivas'), não são em si

ser empregado de uma forma abusiva ou desproporcional, o que frequentemente acontece. Mas a sua necessidade, mesmo nas sociedades mais liberais, não é contestada. Os outros objetivos — proteção do próprio indivíduo e dos valores sociais compartilhados —, contudo, implicam em graves riscos de paternalismo[427] e moralismo.[428] É amplamente reconhecido que algum grau de paternalismo é aceitável,[429] mas os limites de tal interferência devem ser definidos com bastante cuidado para que ela seja considerada legítima. Quanto ao moralismo, também é aceitável que uma sociedade democrática possa empregar seu poder coercitivo para fazer valer alguns valores morais e metas coletivas.[430] Mas também nesse caso, e por razões ainda mais fortes,

---

necessariamente prejudiciais. Consequentemente, não importa como o princípio do dano é mediado, ele não vai classificar como legítimas as interferências na liberdade de alguns cidadãos que são feitas com o único propósito de evitar tais estados desagradáveis em outros. Por conveniência vou usar a palavra 'ofensa' para englobar toda a miscelânea de estados mentais universalmente desagradáveis (*V.* v. 1, cap. 1, §4) e não apenas aquelas espécies do gênero mais amplo, que são ofensivas em um sentido mais próprio e rigoroso. Se o direito, na utilização de seus métodos coercitivos, se justifica, então, para proteger as pessoas de simples ofensas, deve ser em virtude de um princípio de legitimidade separado e distinto, o qual podemos rotular como 'o princípio da ofensa', formulado como se segue: *É sempre uma boa razão de apoio a uma proposta de proibição criminal, o fato dela ser um meio provavelmente eficaz para o propósito de impedir ofensas sérias (em oposição a uma lesão ou dano) a outras pessoas que não o autor, e que esse meio seja provavelmente necessário para esse fim (isto é, provavelmente não há outros meios que sejam igualmente eficazes sem aumento de custos para outros valores).* O princípio afirma, com efeito, que a prevenção da conduta ofensiva *é* a tarefa própria do Estado".

[427] Gerald Dworkin define o paternalismo como "a interferência de um Estado ou indivíduo sobre outra pessoa contra a sua vontade, defendida ou motivada com a justificativa de que a pessoa cuja vontade foi restringida ficará em melhor situação ou será mais bem protegida de algum dano". V. PATERNALISM. *In*: DWORKIN, Gerald; ZALTA, Edward N. (Ed.). *Stanford Encyclopedia of Philosophy*. Disponível em: <http://plato.stanford.edu/archives/sum2010/entries/paternalism/>.

[428] A defesa mais conhecida do moralismo jurídico se encontra em Patrick Devlin (*The Enforcement of Morals*, 1965, p. 10): "Se os homens e mulheres tentarem criar uma sociedade na qual não há acordo fundamental sobre o bem e o mau eles irão falhar; caso a tenham fundado sobre um acordo comum e o acordo se perde, a sociedade se desintegrará. Pois a sociedade não é algo que é mantido unido fisicamente; ela é sustentada pelos laços invisíveis de um pensamento comum. Se esses laços forem demasiadamente afrouxados, em seguida seus membros irão se separar. Uma moralidade comum é parte da sujeição. A sujeição é parte do preço da sociedade; e a humanidade, que necessita da sociedade, deve pagar esse preço".

[429] Os exemplos frequentemente citados são a educação compulsória para as crianças e o uso de cintos de segurança para motoristas e de capacetes para motociclistas. V. Ronald Dworkin (*Justice for Hedgehogs*. 2011. p. 336): "A maioria de nós acredita que a educação obrigatória até a adolescência e a exigência de uso de cintos de segurança são formas permitidas de paternalismo porque a primeira qualifica, mais do que diminui, a capacidade de uma pessoa tomar conta da sua própria vida, enquanto a segunda auxilia as pessoas a alcançarem o que elas realmente desejam, apesar de momentos de reconhecida fraqueza. Algumas sociedades toleram um paternalismo mais grave, mas elas não violam os direitos humanos a não ser que o nível de interferência não possa ser plausivelmente compreendido de uma dessas maneiras".

[430] Para mencionar alguns exemplos que contam com grau razoável de consenso, considere-se a proibição de drogas pesadas, um grau justo de proteção ambiental e a proibição de crueldade contra animais. Sobre o tema v. Michael Sandel, *Justice*, 2009, especialmente p. 244-269.

os limites devem ser adequadamente ajustados para evitar o grave risco do majoritarismo moral, que é uma manifestação de tirania da maioria.[431] A legitimidade e os limites relacionados com a proteção da "moralidade compartilhada" foram objeto de um importante debate entre Patrick Devlin e H. L. A. Hart.[432]

A dignidade como valor comunitário, frequentemente inspirada por motivações paternalistas e moralistas, tem servido de fundamento para diversas decisões judiciais mundo afora. Uma das mais famosas dessas decisões ocorreu no *caso do arremesso de anão*, decidido pelo *Conseil d'État* (Conselho de Estado)[433] da França e confirmado pela Comissão de Direitos Humanos da Organização das Nações Unidas.[434] Segue-se uma breve descrição do caso. O prefeito de Morsang-sur Orge, uma cidade próxima de Paris, proibiu uma atração de casas noturnas conhecida como *lancer de nain*, na qual um anão, equipado com aparelhos de proteção, era lançado a curtas distâncias pelos fregueses do estabelecimento até cair sobre um colchão de ar. Ao julgar um recurso contra esse ato, a Corte Administrativa anulou a decisão do prefeito, mas o Conselho de Estado, a corte superior em matéria administrativa, reverteu essa decisão e reestabeleceu a proibição. O raciocínio do *Conseil* foi baseado na defesa da ordem pública e da dignidade humana.[435] É

---

[431] John Stuart Mill (*On liberty*. 1874. p. 13): "A tirania da maioria é agora geralmente incluída entre os males contra os quais a sociedade precisa ser protegida (...) A sociedade pode e deve executar suas próprias ordens: e se ela emite ordens injustas ao invés de justas, ou se emite qualquer ordem sobre questões nas quais ela não deveria se intrometer, ela pratica uma tirania social mais avassaladora do que muitos tipos de opressão política, uma vez que, embora geralmente não sustentada por tais penalidades extremas, ela deixa menos meios de fuga, penetrando muito mais profundamente nos detalhes da vida, e escravizando a própria alma".

[432] Ver H. L. A. Hart (*Law, liberty and morality*. 1963. p. 5, 50). Embora reconheça que "podem existir bases de justificação para a coerção legal sobre o indivíduo além da proibição de causar dano a outros", Hart critica a visão segundo a qual "o desvio dos padrões aceitos de moralidade sexual, mesmo quando realizado por adultos na esfera privada, corresponde a algo como traição e ameaças à existência da sociedade"; v. também Patrick Devlin (*The enforcement of morals*. 1965. p. 10).

[433] *Conseil d'État*. Decisão nº 136727, 27 de outubro de 1985. Ver também Long *et al.*, *Le grands arrêts de la jurisprudence administrative*, 1996, p. 790 *et seq*. Disponível em: <http://www.legifrance.gouv.fr/affichJuriAdmin.do?oldAction=rechJuriAdmin&idTexte=CETATEXT000007877723>.

[434] Comissão de Direitos Humanos. *Wackenheim* v. *France*, CCPR/C/75/D/854/1999, 15 jul. 2002. V. Dominique Rousseau. *Les libertés individuelles et la dignité de la personne humaine*. 1998. p. 66-68; e Stéphanie Hennette-Vauchez. When ambivalent principles prevail: leads for explaining western legal orders' infatuation with the human dignity principle. *Legal Ethics*, n. 10, p. 193, 207, 208, 206, 2007.

[435] V. a decisão já citada (*Conseil d'État*, Decisão nº 136727, 27 de outubro de 1985): "O respeito pela dignidade humana é um dos componentes da ordem pública; tanto que a autoridade municipal investida do poder de polícia pode, mesmo na ausência de circunstâncias locais particulares, proibir uma atração que viole a dignidade do ser humano".

interessante observar que o próprio anão se opôs à proibição em todas as instâncias e levou o caso até a Comissão de Direitos Humanos da Organização das Nações Unidas, alegando que a França havia cometido uma discriminação e violado o seu "direito à liberdade, emprego, privacidade e a um padrão de vida adequado".[436] A Comissão, contudo, decidiu que a proibição "não constituía uma medida abusiva" e que ela era necessária para proteger a ordem pública e a dignidade humana.[437] Essa decisão, todavia, tem sido mundialmente criticada com base no argumento de que a dignidade como autonomia deveria ter orientado o resultado do caso fazendo prevalecer a vontade do anão.[438]

Uma outra decisão bastante conhecida foi a do *caso do peep show*, julgado pelo Tribunal Administrativo Federal da Alemanha.[439] O Tribunal manteve uma negação de licença para a realização de uma atração na qual uma mulher faz *strip-tease* diante de um cliente situado em uma cabine individual. Com o pagamento, o palco fica visível para o cliente, mas a mulher permanece sem poder vê-lo. A licença foi recusada com a justificativa de que a atração afrontava valores morais, uma vez que violaria a dignidade das mulheres ao reduzi-las à condição de mero objeto. Em uma rejeição completa do argumento da autonomia, o Tribunal declarou que o fato de a mulher ter agido voluntariamente não excluía a violação: "A dignidade humana é um valor objetivo e indisponível, a respeito do qual o indivíduo não pode renunciar validamente".[440] O julgamento tentou fazer uma sutil (mas pouco convincente) distinção entre *peep show* e *strip-tease* comum, baseado no fato de que o último ocorre diante de um público que a mulher pode enxergar.[441]

Uma questão mundialmente controversa se refere ao tratamento jurídico que se deve dar à prostituição. Na África do Sul, uma Corte Constitucional dividida declarou a constitucionalidade de uma lei que

---

[436] V. Comissão de Direitos Humanos. *Wackenheim* v. *France*, CCPR/C/75/D/854/1999, 15 jul. 2002.

[437] V. Comissão de Direitos Humanos, *Wackenheim* v. *France*, CCPR/C/75/D/854/1999, 15 jul. 2002.

[438] V. Dominique Rousseau. *Les libertés individuelles et la dignité de la personne humaine*. 1998. p. 66-68 ("Mas o princípio da dignidade é, talvez, como a felicidade das pessoas: é frequentemente arriscado tentar concretizá-lo sem elas"); e Stéphanie Hennette-Vauchez. When ambivalent principles prevail: leads for explaining western legal orders' infatuation with the human dignity principle, *Legal Ethics*, n. 10, 2007, p. 206 ("A dignidade humana está atrelada ao homem, porém tão intrinsecamente que (...) sua própria vontade é ineficaz quando sua dignidade está em jogo").

[439] 4 *BVerwGE* 274 (1981).

[440] 4 *BVerwGE* 274 (1981).

[441] 4 *BVerwGE* 274 (1981). V. Shayana Kadidal. Obscenty in the age of mechanical reproduction. *The American Journal of Comparative Law*, n. 44, 1996, p. 353, 353-4.

criminalizava a "conjunção carnal mediante pagamento".[442] Os juízes concluíram que os dispositivos em questão não infrigiam os direitos à dignidade e à atividade econômica, e que uma restrição ao direito à privacidade era justificável nessas circunstâncias. No Canadá, a Suprema Corte confirmou um dispositivo do Código Penal que proibia as comunicações em público para fins de prostituição, um tema distinto, mas estreitamente relacionado.[443] Ambas as Cortes mantiveram proibições contra bordéis e casas libidinosas. Na decisão da África do Sul, a minoria ressaltou que a lei em questão constituía uma discriminação injusta contra as mulheres, ao fazer da prostituta o infrator primário e considerar o cliente, no máximo, como um cúmplice.[444] Adotando uma perspectiva diversa, a Corte Constitucional da Colômbia considerou a prostituição como um fenômeno social tolerado, as prostitutas como um grupo historicamente estigmatizado merecedor de proteção especial, e também que o trabalho sexual voluntário, subordinado e remunerado por um dono de bar, constitui um contrato de trabalho *de fato*.[445] Sob esta premissa, a demissão de uma mulher que trabalhava como prostituta motivada pelo fato dela ter engravidado equivale a uma rescisão injusta, o que lhe dá direito a uma indenização adequada. O recurso foi apresentado invocando a dignidade humana, a igualdade perante a lei e o direito ao mínimo existencial. A Corte estabeleceu que a prostituição não deveria ser considerada crime e que é coberta por proteções trabalhistas. Ao fim e ao cabo, a discussão principal é saber se a prostituição é uma questão de autonomia pessoal e, portanto, deve ser constitucionalmente protegida ou se, diversamente, é uma questão que deve ser primariamente tratada pelo legislador ordinário.

Outro caso amplamente divulgado envolveu a persecução penal de um grupo de pessoas no Reino Unido, acusadas de estupro e lesão corporal durante *encontros sadomasoquistas*. Embora essas atividades tenham sido consensuais e ocorridas em locais privados, a Câmara dos Lordes considerou que a existência de consenso não era uma defesa satisfatória diante da ocorrência de danos físicos concretos.[446] Além disso, a maioria

---

[442] *Jordan and Others* v. *State* (CCT 31/01) [2002] ZACC. Disponível em: <http://www.constitutionalcourt.org.za/Archimages/661.PDF>.

[443] Reference re ss. 193 and 195.1(1)(C) of the criminal code (Man.), [1990] 1 SCR 1123. Disponível em: <http://scc.lexum.org/en/1990/1990scr1-1123/1990scr1-1123.html>.

[444] V. *Jordan and Others* v. *State* (CCT 31/01) [2002] ZACC, p. 43.

[445] Corte Constitucional da Colômbia. *Sentencia T-62910*. LAIS v. Bar Discoteca PANDEMO. Disponível em: <http://www.corteconstitucional.gov.co/RELATORIA/2010/T-629-10.htm>.

[446] *Laskey, Jaggard, and Brown* v. *The United Kingdom*. [1997] Case No. 109/1995/615/703-705.

sustentou, em um tom moralista, que "o prazer derivado da imposição de dor é algo mau".[447] A minoria afirmou, contrariamente, que "os adultos eram capazes de consentir com atos realizados em caráter privado que não resultassem em lesão corporal grave" e criticou o "paternalismo" da Corte.[448] A questão foi submetida à Corte Europeia de Direitos Humanos por violação à privacidade (art. 8 da Convenção Europeia).[449] Em uma decisão unânime, a CEDH afirmou que, como o assunto envolvia a imposição de danos físicos, as condenações dos recorrentes eram justificadas pela cláusula da "proteção da saúde" (art. 8.2 da Convenção),[450] se esquivando da necessidade de discutir se a interferência no direito à privacidade dos recorrentes "também poderia ser justificada com base na proteção da moral".[451] Nesse caso, portanto, de acordo com a decisão da CEDH, o princípio do dano foi suficiente para afastar discussões envolvendo moralismo e paternalismo. A verdade, porém, é que não ocorreram lesões corporais de natureza grave, nem houve qualquer denúncia à polícia, que tomou contato com as provas (uma série de vídeos) por acaso, no curso de uma investigação rotineira.

Diversas outras matérias levam a questionamentos e problematizações sobre os limites adequados entre a dignidade como autonomia e a dignidade modelada por forças heterônomas como valores sociais e políticas legislativas. Dois grandes exemplos são a descriminalização das drogas e o *hate speech*. A descriminalização das drogas, ainda que das chamadas "drogas leves" constitui um tema controverso e complexo já há muitas décadas. Essa questão foi amplamente discutida em decisão proferida por uma dividida Suprema Corte do Canadá, que acabou por declarar que o Parlamento poderia validamente criminalizar e punir com a prisão a posse de maconha.[452] A maioria de seis juízes (contra três)

Disponível em: <http://worldlii.org/eu/cases/ECHR/1997/4.html>.

[447] *Laskey, Jaggard, and Brown* v. *The United Kingdom*. [1997] Case No. 109/1995/615/703-705. Disponível em: <http://worldlii.org/eu/cases/ECHR/1997/4.html>.

[448] *Laskey, Jaggard, and Brown* v. *The United Kingdom*. [1997] Case No. 109/1995/615/703-705. Disponível em: <http://worldlii.org/eu/cases/ECHR/1997/4.html>.

[449] Convenção Eurpeia para a Proteção dos Direitos do Homem e das Liberdades Fundamentais. Art. 8.1. Toda pessoa tem direito ao respeito de sua vida privada e familiar, seu domicílio e sua correspondência. Art. 8.2. Não pode haver ingerência da autoridade pública no exercício deste direito senão quando esta ingerência estiver prevista na lei e constituir uma providência que, numa sociedade democrática, seja necessária para a segurança nacional, para a segurança pública, para o bem-estar econômico do país, a defesa da ordem e a prevenção das infracções penais, a protecção da saúde ou da moral, ou a protecção dos direitos e das liberdades de terceiros.

[450] V. nota anterior.

[451] V. *Laskey, Jaggard, and Brown* v. *The United Kingdom*. [1997] Case No. 109/1995/615/703-705. Disponível em: <http://worldlii.org/eu/cases/ECHR/1997/4.html>.

[452] *R.* v. *Malmo-Levine; R.* v. *Caine*, [2003] 3 SCR 571, 2003 SCC 74. Disponível em: <http://scc.

argumentou que alguns grupos sociais são particularmente vulneráveis aos efeitos da droga — como usuários crônicos, gestantes e esquizofrênicos — e que, por isso, protegê-los era uma escolha política legítima. Os juízes que restaram vencidos ressaltaram que o dano causado a terceiros pelo consumo de maconha não é significativo e não justifica a pena de prisão, que o dano que alguém faz a si mesmo não deveria ser punido criminalmente e que os danos causados pela proibição da maconha superam amplamente os benefícios. Na verdade, países como Holanda, Portugal e Austrália, por exemplo, têm sido bem-sucedidos na implementação de políticas descriminalizantes.[453] Além disso, vários líderes mundiais têm defendido a descriminalização das drogas em geral.[454] O *hate speech* representa outra questão sensível e complexa. Na maioria dos países democráticos, o discurso que visa à depreciação de indivíduos ou grupos vulneráveis por motivos de raça, etnia, cor, religião, gênero e orientação sexual, entre outros, não é aceitável e não está dentro do âmbito de proteção da liberdade de expressão. Os Estados Unidos, nesse caso em particular, constituem uma exceção solitária.[455]

A imposição coercitiva de valores externos, excepcionando o pleno exercício da autonomia em nome de uma dimensão comunitária da dignidade humana, nunca é trivial. Ela exige fundamentação adequada, que deve levar em conta três elementos: a) a existência ou

lexum.org/en/2003/2003scc74/2003scc74.html>.

[453] V. Brian Vastag (5 years after: Portugal's drug decriminalization policy shows positive results, *Scientific American*, 7 abr. 2009. Disponível em: <http://www.scientificamerican.com/article.cfm?id=portugal-drug-decriminalization>). Para uma pesquisa sobre outros países, v. DRUG LIBERALIZATION. *Wikipedia*. Disponível em: <http://en.wikipedia.org/wiki/Drug_liberalization>.

[454] Como ex-Presidentes do Brasil, Colômbia, México e Suíça, o ex-Primeiro-Ministro da Grécia, o ex-Secretário Geral da ONU Kofi Annan, George Shultz e Paul Volcker, entre outros. V. *Global Commission on Drug Policy*. Disponível em: <http://www.globalcommissionondrugs.org>.

[455] Para uma reflexão sobre o conflito entre liberdade de expressão e igualdade, v. Martha Minow, Equality under the bill of rights. *In*: Michal J. Meyer; William A. Parent (Ed.). *The constitution of rights, human dignity and american values*. 1992. p. 125. V. também Frederick Schauer, The Exceptional First Amendment (Fevereiro de 2005). *KSG Working Paper No. RWP05-021*. Disponível em SSRN: <http://ssrn.com/abstract=668543 ou doi:10.2139/ssrn.668543:>, onde se lê: "Sobre esse conjunto de temas inter-relacionados parece haver um forte consenso internacional de que os princípios da liberdade de expressão são ou irrelevantes ou então preteridos quando o que está sendo expressado é ódio racial, étnico ou religioso. (...) Em contraste com esse consenso internacional de que as várias formas de discurso do ódio necessitam ser proibidas pelo direito e que tal proibição cria pouco ou nenhum problema para a liberdade de expressão, os Estados Unidos continuam firmemente comprometidos com a visão oposta. (...) Em grande parte do mundo desenvolvido, o uso de epítetos raciais, exibições nazistas e outras manifestações de ódio étnico, assim como o incitamento à discriminação contra minorias religiosas, estão sujeitos a penas de prisão ou multa, mas nos Estados Unidos todos esses discursos permanecem constitucionalmente protegidos".

não de um direito fundamental sendo atingido; b) o dano potencial para outros e para a própria pessoa; e c) o grau de consenso social sobre a matéria. No caso da verificação da presença de um direito fundamental, é pertinente fazer uma distinção entre duas diferentes visões e as suas respectivas terminologias. Alguns autores reconhecem a existência de um *direito geral à liberdade*, ao lado das liberdades expressas e específicas, como a liberdade de religião e de expressão, entre outras.[456] O direito geral à liberdade significa uma liberdade de ação geral que pode, contudo, ser limitada por qualquer norma legal que seja compatível com a constituição. As restrições sobre esse direito geral exigem apenas uma base racional, um interesse legítimo do Estado ou uma meta coletiva. Alguns outros autores, particularmente Ronald Dworkin, empregam um conceito mais restrito de *liberdade básica* — e não geral — que corresponde aos "direitos morais"; estes são os direitos substantivos verdadeiramente fundamentais. As liberdades básicas devem ser tratadas como *trunfos*[457] contra decisões majoritárias, e as restrições sobre elas devem passar por um escrutínio mais estrito. Desse modo, a liberdade geral pode ser amplamente limitada, enquanto as liberdades básicas normalmente devem prevalecer sobre as metas coletivas em todas as situações que não as excepcionais.[458]

O risco de causar dano aos outros normalmente — embora nem sempre — constitui uma base razoável para a limitação da autonomia pessoal. É amplamente reconhecido, nos dias de hoje, que o uso da formulação de Mill sobre do princípio do dano como a única justificativa para a interferência estatal na liberdade do indivíduo "pode ser excessivamente simplista"[459] e que "uma variedade de critérios"[460] vai determinar quando a liberdade pode ser restringida. Mas a ideia de dano aos outros confere à restrição uma justa presunção legitimidade.

---

[456] Robert Alexy, Robert Alexy, *A Theory of Constitutional Rights*, 2004, p. 224. ("A liberdade geral de ação é a liberdade de fazer ou não fazer tudo aquilo que se deseje".) Alexy baseia-se na ideia de *legalidade*, que é dominante na maioria dos países da tradição do *civil law*, significando que todas as pessoas podem fazer qualquer coisa que não é proibida por normas válidas.

[457] Ronald Dworkin, Rights as Trumps. *In*: Jeremy Waldron (ed.), *Theories of Rights*, 1984, p. 153 ("Os direitos são melhor compreendidos como trunfos contra justificações de fundo para decisões políticas que enunciam metas para a comunidade como um todo").

[458] Ronald Dworkin, *Taking Rights Seriously*, 1997, p. 92. ("Uma consequência da definição de direito é que ele não pode ser (...) superado pelo apelo a qualquer meta rotineira e ordinária da Administração Pública, mas apenas por uma meta de especial urgência".) Para uma discussão esclarecedora sobre as visões do direito geral à liberdade e das liberdades fundamentais, v. Letícia de Campos Velho Martel, *Direitos Fundamentais Indisponíveis*, 2011, p. 94 *et seq*.

[459] H.L.A. Hart, *Morality and the Law*, 1971, p. 51.

[460] H.L.A. Hart, *Morality and the Law*, 1971, p. 51.

O dano a si mesmo pode também constituir uma base aceitável para a limitação da autonomia pessoal, como anteriormente mencionado, mas nesse caso o ônus de comprovar a sua legitimidade vai usualmente recair sobre o Estado, uma vez que o paternalismo deve normalmente levantar suspeitas. Finalmente, a limitação da autonomia pessoal fundamentada na moral pública exige um consenso social forte. A proibição da pornografia infantil — mesmo no caso de representações gráficas, sem uma criança real envolvida — e a interdição do incesto são sérios candidatos a esse consenso. Porém, em uma sociedade democrática e pluralista, sempre existirão desacordos morais. Questões como pena de morte, aborto, uniões homoafetivas, *hate speech*, entre outras, serão invariavelmente controvertidas. Uma breve reflexão sobre esse tema se faz necessária antes de encerrar a presente seção.[461]

Nem mesmo os adeptos do realismo moral, que acreditam que as proposições morais podem ser verdadeiras ou falsas — uma questão altamente controvertida no debate filosófico[462] — defendem que sua crença seja aplicável para todas as verdades morais.[463] Portanto, sempre existirão desacordos morais, no sentido de que em muitas situações não há uma verdade moral objetiva. Apesar das suas diferentes visões, os cidadãos devem coexistir e cooperar, unidos por uma estrutura básica de direitos e liberdades. O papel do Estado ao interpretar os valores comunitários é acolher aqueles que são mais genuinamente compartilhados pelas pessoas e evitar, sempre que possível, escolher lados em disputas moralmente divisivas.[464] Uma boa razão para essa abstenção é que permitir que um grupo imponha suas concepções morais sobre outros representa uma afronta ao ideal segundo o qual todos os indivíduos são livres e iguais. Certamente existem questões políticas controversas que deverão ser definidas pela maioria, como as escolhas envolvendo proteção ambiental e desenvolvimento econômico,

---

[461] Sobre realismo moral e desacordo moral, v. Folke Tersman, *Moral Disagreement*, 2006; Arthur Kuflik, Liberalism, Legal Moralism and Moral Disagreament, *Journal of Applied Philosophy*, n. 22, p. 185, 2005; David Enoch, How Is Moral Disagreement a Problem for Realism, *Journal of Ethics*, n. 13, 2009, p. 15; e Geoff Sayre-McCord, Moral Realism, *The Stanford Encyclopedia of Philosophy* (Summer 2011 Edition), Edward N. Zalta (ed.), URL = <http://plato.stanford.edu/archives/sum2011/entries/moral-realism/>.

[462] V. Geoff Sayre-McCord, Moral Realism, *The Stanford Encyclopedia of Philosophy* (Summer 2011 Edition), distinguindo aqueles que rejeitam o realismo moral em não cognitivistas ("defendem que as alegações morais não têm a pretensão de relatar fatos como sendo verdadeiros ou falsos") e teóricos do erro ("defendem que as alegações morais possuem esse propósito, mas negam que qualquer uma delas pode ser realmente verdadeira").

[463] David Enoch, How Is Moral Disagreement a Problem for Realism, *Journal of Ethics*, n. 13, p. 16, 2009.

[464] Robert Post, *Constitutional Domains*: Democracy, Community, Management, 1995, p. 4.

a utilização de energia nuclear ou os limites para a ação afirmativa. Mas as questões *verdadeiramente morais* não deveriam ser decididas pela maioria. A maioria, por exemplo, não tem o direito de definir a relação sexual entre pessoas do mesmo sexo como crime, ao contrário do que admitiu a Suprema Corte dos Estados Unidos no caso *Bowers v. Hardwick*.[465] É claro que haverá hipóteses em que não será fácil traçar uma linha entre o que é político e o que é verdadeiramente moral e, de fato, muitas vezes os dois domínios vão se sobrepor. Mas sempre que uma questão moral significativa estiver presente, a melhor atitude que o Estado pode tomar é estabelecer um regime jurídico que permita aos indivíduos dos dois lados em disputa exercerem a sua autonomia pessoal. Em tais situações o campo de batalha deve permanecer dentro do domínio das ideias e do convencimento racional, sem que nenhum lado se beneficie da coerção pública para implementar sua visão particular. No próximo capítulo, algumas dessas ideias serão aplicadas a um conjunto de casos controvertidos.

[465] 478 U.S. 186 (1986). A crítica a essa decisão foi o ponto de partida para um esclarecedor artigo de Frank Michelman, considerado um texto canônico sobre "a segunda onda de estudos jurídicos republicana" (David Kennedy e William Fisher III, *The Canon of American Legal Thought*, 2006, p. 781). V. Frank Michelman, Law's Republic, *Yale Law Journal*, n. 97, 1988, p. 1493.

UTILIZAÇÃO DA DIGNIDADE HUMANA PARA A ESTRUTURAÇÃO DO RACIOCÍNIO JURÍDICO NOS CASOS DIFÍCEIS

I. ABORTO

A interrupção voluntária da gravidez é uma questão moral altamente controvertida em todo o mundo. As legislações dos diferentes países vão da criminalização e da proibição completa até o acesso praticamente irrestrito ao aborto. É notório que as taxas de aborto nos países onde esse procedimento é permitido são muito semelhantes àquelas encontradas nos países em que ele é ilegal. Na verdade, a principal diferença entre os países que escolheram criminalizar essa prática e aqueles que a permitem é a taxa de incidência de abortos arriscados ou com pouca segurança.[466] A criminalização também tem sido vista como uma discriminação *de facto* contra mulheres pobres, que precisam recorrer a métodos primitivos de interrupção da gestação devido à falta de acesso à assistência médica, pública ou privada. O aborto,

[466] V. Susan A. Cohen, New Data on Abortion Incidence, Safety Illuminate Key Aspects of Worldwide Abortion Debate, *Guttmacher Policy Review*, n. 10. Disponível em: <http://www.guttmacher.org/pubs/gpr/10/4/gpr100402.html>. Relatando um estudo conduzido pelo *Guttmacher Institute* e pela Organização mundial da Saúde. V. também Elizabeth Rosenthal, Legal or Not, Abortion Rates Compare, *N.Y. Times*, 12 de outubro de 2007. Disponível em: <http://www.nytimes.com/2007/10/12/world/12abortion.html>: "Um estudo global e abrangente sobre o aborto concluiu que as suas taxas são similares em países onde ele é permitido e onde ele é proibido, sugerindo que a criminalização desse procedimento é pouco eficaz para a meta de desencorajar as mulheres que queiram realizá-lo. Além disso, os pesquisadores chegaram à conclusão de que o aborto era seguro onde era legalizado e perigoso nos países onde era proibido e realizado de forma clandestina".

principalmente durante o primeiro trimestre, tem sido amplamente eliminado dos códigos penais, começando com o Canadá em 1969, Estados Unidos em 1973[467] e França em 1975. Diversos outros países seguiram essa tendência, incluindo Austrália (1975), Nova Zelândia (1977), Itália (1978), Holanda (1980) e Bélgica (1990). Na Alemanha, uma decisão judicial de 1993, a despeito de sua ambiguidade, levou à descriminalização do aborto durante o primeiro trimestre, desde que certas condições sejam satisfeitas. A verdade é que a maioria dos países desenvolvidos do Atlântico Norte descriminalizou o aborto durante os primeiros estágios da gestação, tornando a proibição total uma medida que prevalece apenas nos países em desenvolvimento. A Igreja Católica e muitas Igrejas Evangélicas fortemente se opõem ao aborto, baseadas na crença de que a vida se inicia na concepção e deve permanecer inviolável desde esse momento. Todavia, muitas pessoas que acreditam que o aborto é moralmente condenável são a favor da sua descriminalização por razões filosóficas ou pragmáticas. Os próximos parágrafos discutem a relação entre o aborto e a dignidade humana, levando em consideração o valor intrínseco, a autonomia e o valor comunitário, além dos direitos e deveres associados com cada um desses elementos, que são parte do conteúdo da dignidade.

No plano do valor intrínseco, o debate sobre o aborto representa uma colisão entre valores e direitos fundamentais. Para aqueles que acreditam que o feto deve ser tratado como uma vida humana que se inicia com a fecundação — premissa admitida apenas para fins de argumentação — o aborto claramente configura uma violação do *direito à vida* do feto. Esse é o principal argumento subjacente ao movimento pró-vida, servindo de fundamento para a conclusão de que o aborto é moralmente errado. Por outro lado, a gravidez e o direito de interrompê-la possuem implicações sobre a *integridade física e psíquica* da mulher, sobre o poder de controlar o seu próprio corpo. Além disso, o aborto também deve ser considerado como uma questão de *igualdade*,[468] pois como apenas as mulheres carregam o ônus integral da gravidez, o direito de interrompê-la coloca-as em uma posição equivalente à dos

---

[467] Nos Estados Unidos, o voto majoritário em *Casey* (1992) reviu a regra de *Roe* que conferia prioridade para o interesse da mulher durante o primeiro trimestre e substituiu o teste do escrutínio estrito, que é o teste padrão em temas de direitos fundamentais, pelo teste menos rigoroso do "ônus indevido".

[468] Como Robin West escreveu, o "fundamento moral preferencial do direito ao aborto" mudou da "privacidade médica e conjugal, para a igualdade das mulheres, para a liberdade individual ou dignidade, seguindo um ciclo". V. Robin West, From Choice to Reproductive Justice: De-Constitutionalizing Abortion Rights, *Yale Law Journal*, n. 118, 2009, p. 1394 e 1396.

homens. Portanto, no que se refere à dignidade humana entendida como valor intrínseco, há apenas um direito fundamental favorecendo a posição antiaborto — o direito à vida — contraposto por dois direitos fundamentais favorecendo o direito de escolha da mulher — a integridade física e psíquica e a igualdade.[469]

No que diz respeito à *autonomia*, é importante refletir sobre o papel que a autodeterminação desempenha no contexto do aborto. Os indivíduos devem ser livres para tomarem decisões e fazerem escolhas pessoais básicas a respeito das suas próprias vidas. O *direito à privacidade*, conforme definido pela jurisprudência da Suprema Corte dos Estados Unidos nas decisões sobre aborto, tem sido descrito como "o princípio que exige tolerância pública para uma escolha autônoma e autorreferencial".[470] Está dentro dos limites da autonomia da mulher e, portanto, da essência da sua liberdade básica, decidir por si mesma quanto à realização ou não de um aborto. A vontade da mãe de interromper sua gravidez poderia ser contraposta por uma hipotética vontade de nascer do feto. Duas objeções podem ser feitas a essa linha de pensamento. A primeira objeção é que, embora o valor intrínseco do feto tenha sido presumido no parágrafo anterior, pode ser mais difícil reconhecer sua autonomia, devido ao fato de ele não possuir nenhum grau de autoconsciência. Mas mesmo que esse argumento pudesse ser suplantado, ainda haveria outro. Como o feto depende da mãe, mas não o contrário, se a "vontade de nascer" do feto prevalecesse, a mãe seria totalmente instrumentalizada por esse projeto. Em outras palavras, se a mulher fosse forçada a manter o feto, ela se transformaria em um meio para a satisfação de outra vontade e não seria tratada como um fim em si mesma.

Finalmente, no plano do valor comunitário, é necessário determinar se a autonomia, nesse caso, pode ser restringida em nome de 1. Valores compartilhados pelo grupo social ou 2. Interesses estatais impostos por normas jurídicas. O aborto é, inequivocamente, a questão moral mais controvertida do debate público contemporâneo. Como

---

[469] Para uma análise cuidadosa do uso da dignidade no contexto do aborto v. Reva Siegel, Dignity and Politics of Protection: Abortion Restriction Under Casey/Carhart, *Yale Law Journal*, n. 117, p. 1694 e 1736-1745, 2008., A autora compara a decisão de *Casey*, na qual a dignidade foi invocada como uma razão para a proteção do direito da mulher optar pelo aborto, com a decisão de *Carhart*, em que a dignidade foi invocada como uma razão para restrições ao aborto com base na proteção da mulher. O artigo critica a última decisão e a considera um exemplo de "paternalismo de gênero" e de "estereótipos inconstitucionais sobre o papel e a capacidade das mulheres" (p. 1773 e 1796).

[470] Anita L. Allen, Autonomy's Magic Wand: Abortion and Constitutional Interpretation, *Boston University Law Review*, p. 683 e 690, 1992.

mencionado acima, muitos países na Europa e na América do Norte têm descriminalizado o aborto durante os primeiros estágios da gestação. Por outro lado, a maioria dos países da África (com exceção da África do Sul) e da América Latina impõem severas restrições ao aborto, independentemente da fase da gravidez. O fato de importantes e respeitáveis grupos religiosos serem contrários ao aborto, com base nos seus dogmas e na sua fé, não supera a objeção de que esses são argumentos que não encontram espaço nos domínios da razão pública.[471] Sendo esse o caso, não se pode considerar que exista um consenso social significativo sobre essa matéria. De fato, a única conclusão claramente perceptível é que o aborto representa um ponto de grande desacordo moral na sociedade contemporânea. Em circunstâncias como essa, o papel adequado do Estado não é tomar partido e impor uma visão, mas permitir que os indivíduos realizem escolhas autônomas. Em outras palavras, o Estado deve valorizar a autonomia individual e não o moralismo jurídico. Como a Suprema Corte dos Estados Unidos declarou no caso *Roe* v. *Wade*, o interesse do Estado na proteção da vida pré-natal e na saúde da mãe não supera o direito fundamental da mulher realizar um aborto. Existem outros dois fortes argumentos em favor da legalização. O primeiro é a dificuldade em efetivar a proibição, como mostram as estatísticas.[472] O segundo é o impacto discriminatório que a criminalização do aborto tem sobre as mulheres pobres.[473] A descriminalização não impede as forças sociais que se opõem ao aborto de defenderem as suas concepções e de procurarem convencer as pessoas a não realizá-lo. E, de fato, é comum, mesmo em países nos quais o aborto é legalizado, que grupos sociais se mobilizem para desencorajar mulheres que queiram interromper suas gestações.[474]

---

[471] V. nota 342.

[472] De acordo com a Organização Mundial da Saúde, 21,6 milhões de abortos inseguros ocorreram em todo o mundo no ano de 2008, quase todos em países em desenvolvimento, onde essa prática é ilegal. V. <http://www.who.int/reproductivehealth/topics/unsafe_abortion/en/index.html>.

[473] De fato, mesmo em países onde o aborto é legal, legisladores que se opõem a ele conseguiram promulgar leis que restringem o financiamento público para essa finalidade, como ocorreu nos Estados Unidos e no Canadá. V. Heather D. Boonstra, The Heart of the Matter: Public Funding of Abortion for Poor Women in the United States, *Guttmacher Policy Review*, n. 10, 2007, Disponível em: <http://www.guttmacher.org/pubs/gpr/10/1/gpr100112.html>; e Joanna N. Erdman, In the Back Alleys of Health Care: Abortion, Equality, and Community in Canada, *Emory Law Journal*, n. 56, p. 1093, 2007.

[474] Dalia Sussman, Conditional Support Poll: Thirty Years After Roe vs. Wade, American Support Is Conditional, *ABC News*. Disponível em: <http://abcnews.go.com/sections/us/dailynews/abortion_poll030122.html>.

II. CASAMENTO DE PESSOAS DO MESMO SEXO

O reconhecimento jurídico do casamento entre pessoas do mesmo sexo é outra questão moral altamente controvertida em todo o mundo. Apesar disso, a evolução da opinião pública sobre essa matéria tem sido veloz e a resistência à mudança vem perdendo força, principalmente quando comparada com a persistente situação de impasse observada no caso do aborto. Na verdade, a discriminação contra a homossexualidade esteve presente de maneira intensa nas práticas jurídicas e sociais até o início do século XXI. Nos Estados Unidos, por exemplo, até a década de 1970, a Associação Americana de Psiquiatria classificava a homossexualidade como um transtorno mental.[475] Em 1971 a sodomia homossexual era tida como crime em todos os estados americanos, com apenas duas exceções.[476] Em 1986, a Suprema Corte considerou constitucionais leis estaduais que criminalizavam a conduta íntima entre pessoas do mesmo sexo,[477] um precedente somente superado em 2003.[478] Um importante avanço se deu em 1993, quando a Suprema Corte do Havaí decidiu que uma lei que restringia o casamento a pessoas de sexos opostos constituía uma discriminação sexual.[479] Em reação contra essa decisão, de 1995 até 2005, 43 estados americanos aprovaram leis proibindo o casamento entre pessoas do mesmo sexo.[480] Ironicamente, essa reação teve como consequência a unificação da comunidade LGBT

---

[475] V. Michael J. Rosenfeld, *The Age of Independence*: Interracial Unions, Same-Sex Unions, and the Changing American Family, 2007, p. 176 e 177 ("Até a década de 1950, havia um consenso entre os psiquiatras e psicólogos, que caracterizava os homossexuais como pessoas com distúrbios mentais profundos").

[476] William N. Eskridge e Darren R. Spedale, *Gay Marriage: For Better and for Worse: What We've Learned from the Evidence*, 2006, p. 23. As exceções eram Illinois e Connecticut.

[477] *Bowers* v. *Hardwick*, 478 U.S. 186 (1986).

[478] *Lawrence* v. *Texas*, 539 U.S. 558 (2003). Antes de *Lawrence*, em *Romer* v. *Evans*, 517 U.S. 620 (1996), a Suprema Corte invalidou a Segunda Emenda à Constituição do Colorado, que proibia toda a ação legislativa, executiva ou judicial, em nível estadual ou local, concebida de modo a proteger o *status* das pessoas baseadas em suas "condutas, práticas, relacionamentos e orientações homossexuais, lésbicas ou bissexuais".

[479] O caso foi originalmente conhecido como *Baher* v. *Lewin*. Em 1993, a Suprema Corte do Havaí reenviou o caso para o Tribunal, afirmando que negar a casais homoafetivos o direito ao casamento equivalia à discriminação baseada no sexo e estava sujeita ao escrutínio estrito. *Baehr* v. *Lewin 74 Haw.* 530, 852 P.2d 44 (1993), reconsideração e esclarecimento concedidos em parte, *74 Haw.* 645, 852 P.2d 74 (1993).Em 1996, o juiz probiu o estado de se recusar a emitir licenças para casamentos a casais do mesmo sexo. *Baehr* v. *Miike, Circuit Court for the First Circuit, Hawaii* No. 91-1394 (1996). Esta decisão foi suspensa e posteriormente revertida, devido à aprovação no Havaí da Emenda Constitucional nº 2 (1998), que estabeleceu que "o legislador deve ter o poder de reservar o casamento para casais do sexo oposto".

[480] William N. Eskridge and Darren R. Spedale, *Gay Marriage: For Better and for Worse: What We've Learned from the Evidence*, 2006, p. 20.

em torno da defesa do casamento entre pessoas do mesmo sexo, que era até então combatido por militantes radicais que o consideravam um exemplo de capitulação das minorias sexuais aos ritos convencionais.[481] Em 2004, o Estado de Massachusetts foi o primeiro a legalizar o casamento homossexual, seguindo uma decisão proferida pela sua Suprema Corte.[482] Nos últimos anos, a homossexualidade tornou-se um modo de vida cada vez mais aceito e existe uma crença crescente de que as suas causas são predominantemente biológicas. Sendo esse o caso, discriminar alguém somente com base na orientação sexual seria o mesmo que discriminar os asiáticos devido aos seus olhos, os africanos pela sua cor e os latino-americanos pela sua miscigenação étnica.

Nesse contexto evolutivo, não surpreende que alguns países já tenham legalizado as uniões homoafetivas, como África do Sul, Argentina, Bélgica, Brasil, Canadá, Holanda, Islândia, Portugal e Suécia. Em diversos outros Estados, medidas legais que apontam para a mesma direção têm sido propostas e a discussão tem avançado. É verdade que outros países aprovaram leis proibindo o casamento entre pessoas do mesmo sexo, como (surpreendentemente) fez a França.[483] Nos Estados Unidos, do mesmo modo, uma lei federal de 1996, conhecida como Lei de Defesa do Casamento (*Defense of Marriage Act* – DOMA) define o casamento como "uma união legal entre um homem e uma mulher como marido e esposa". O Governo Obama, todavia, anunciou que não vai mais defender a constitucionalidade dessa lei, que tem sido questionada por diversas ações judiciais.[484] Aliás, diversos estados adotaram leis reconhecendo o casamento entre pessoas do mesmo sexo, incluindo Connecticut, Iowa, Massachusetts, New Hampshire, Vermont e Nova York, assim como o Distrito de Columbia.[485] Do mesmo modo como ocorre com o aborto, existe uma oposição religiosa vigorosa contra a

---

[481] William N. Eskridge and Darren R. Spedale, *Gay Marriage: For Better and for Worse: What We've Learned from the Evidence*, 2006, p. 20. V. também Man Yee Karen Lee, *Equality, Dignity, and Same-Sex Marriage*: A Rights Disagreement in Democratic Societies, 2010, p. 11, e Nancy D. Polikoff, We Will Get What We Ask for: Why Legalizing Gay and Lesbian Marriage Will Not "(Dismantle the Legal Structure of Gender in Every Marriage, *Virginia Law Review*, n. 79, 1993, p. 1535 e 1549).

[482] *Goodridge* v. *Dept. of Public Health*, 798 N.E.2d 941 (Mass. 2003).

[483] V. <http://www.lesoir.be/actualite/france/2011-01-28/le-conseil-constitutionnel-dit-non-au-mariage-homosexuel-818228.php>.

[484] V. Charlie Savage and Sheryl Gay Stolberg, In Shift, U.S. Says Marriage Act Blocks Gays Rights, *N.Y. Times*, 23 fev. 2011. Disponível em: <http://www.nytimes.com/2011/02/24/us/24marriage.html>.

[485] Em 4 de fevereiro de 2012, a *U.S. Court of Appeals for the Ninth Circuit*, confirmando decisão da District Court, declarou a inconstitucionalidade da Proposição nº 8 e da emenda que ela introduzira na Constituição da Califórnia, proibindo o casamento de pessoas do mesmo sexo.

conduta homossexual e contra o casamento entre pessoas do mesmo sexo. Baseados em passagens bíblicas interpretadas como condenações da homossexualidade,[486] muitos grupos evangélicos expressam forte reprovação a essa orientação sexual. No caso da Igreja Católica, os Papas João Paulo II[487] e Bento XVI[488] criticaram países que aprovaram leis reconhecendo formas de união homoafetiva.

A análise da união homoafetiva à luz da ideia de dignidade humana apresentada nesse texto é muito menos complexa do que a realizada no caso do aborto. De fato, no plano do *valor intrínseco*, existe um direito fundamental em favor da legalização do casamento entre pessoas do mesmo sexo: a *igualdade perante a lei*. Negar o acesso de casais homoafetivos ao casamento — e a todas as consequências sociais e jurídicas que ele implica — representa uma forma de discriminação baseada em orientação sexual. Não há outro argumento derivado do valor intrínseco que poderia ser razoavelmente empregado para se contrapor aos direitos de igualdade e respeito de que os homossexuais são titulares. Em relação à *autonomia*, o casamento entre pessoas do mesmo sexo envolve dois adultos que escolhem, sem manipulação ou coerção, como exercer seu afeto e sua sexualidade. Não há qualquer violação à autonomia de qualquer outra pessoa nem dano a terceiros que possam justificar a proibição. Finalmente, no plano do *valor comunitário*, não se pode deixar de reconhecer que numerosos segmentos da sociedade civil, particularmente grupos religiosos, desaprovam a conduta homossexual e o casamento entre pessoas do mesmo sexo. Mas negar o direito de casais homossexuais se casarem seria uma restrição injustificada sobre sua autonomia, em nome de um moralismo impróprio ou da tirania da maioria. Em primeiro lugar, há um direito fundamental envolvido, seja o direito à igualdade ou à privacidade (liberdade de escolha). Mesmo se assim não fosse, o fato inegável é que não há danos a terceiros ou à

---

[486] *Levítico* 18:22 ("Não se deite com um homem como quem se deita com uma mulher: isso é uma abominação"); *Levítico* 20:13 ("Se um homem se deitar com outro homem como se deita com uma mulher, ambos praticarão uma abominação; certamente morrerão; o seu sangue estará sobre eles"); *Romanos* 1:26 ("Por causa disso, Deus os abandonou às paixões infames. Mesmo suas mulheres trocaram relações naturais por aquelas que contrariam a natureza"); e *Romanos* 1:27 ("E, semelhantemente, também os homens abandonaram relações naturais com mulheres e se inflamaram em sua luxúria uns para com os outros. Os homens cometeram atos indecentes com outros homens, e receberam sobre si mesmos a penanalidade devida pela sua perversão").

[487] U.S. Bishops Urge Constitutional Amendment to Protect Marriage, *AmericanCatholic.Org*. Disponível em: <http://www.americancatholic.org/News/Homosexuality/default.asp>. Acesso em: 30 jun. 2011 ("O Vaticano e o Papa João Paulo II estão se manifestando contra o crescente número de países que reconhecem casamentos entre pessoas mesmo sexo").

[488] Michael Paulson, Pope Says Gay Unions Are False. *The Boston Globe* 7 jun. 2005.

própria pessoa para serem levados em conta. E, por fim, não se pode encontrar um nível elevado de consenso social contra a união homoafetiva em um mundo onde, ao menos na maioria das sociedades ocidentais, a homossexualidade é amplamente aceita. Qualquer pessoa, é claro, tem o direito de se posicionar contrariamente à união homoafetiva e tentar convencer os outros de que a sua opinião é correta.[489] Mas isso é diferente de postular que o Estado não reconheça um exercício legítimo da autonomia pessoal de cidadãos livres e iguais.

III. SUICÍDIO ASSISTIDO

Suicídio assistido é o ato pelo qual um indivíduo provoca a sua própria morte com a ajuda de alguma outra pessoa. O debate sobre essa matéria envolve, como regra geral, o suicídio com assistência médica, que ocorre quando um médico fornece as informações e os meios necessários, como equipamentos ou drogas, mas o paciente pratica a ação. O debate sobre o suicídio assistido normalmente presume — e também é assim no presente trabalho — que os sujeitos em questão estão doentes em fase terminal, passando por grande dor e sofrimento, ou em estado vegetativo permanente. Há forte oposição em relação ao suicídio assistido por parte da maioria das religiões, particularmente da Igreja Católica, que o considera moralmente condenável. Todavia, apesar do típico conflito entre humanistas seculares e crentes religiosos também estar presente aqui, existem algumas sutilezas que conferem nuances particulares a esse debate. Uma delas corresponde ao Juramento de Hipócrates, ainda proferido por médicos em muitos países, que aborda diretamente a questão ao declarar de forma inequívoca: "Não vou dar uma droga letal para ninguém caso me seja pedido, nem vou aconselhar uma ação desse tipo".[490] Além disso, existe sempre a preocupação de que pressões da família e de planos de saúde possam comprometer o consentimento livre e informado do paciente. Dessa forma, ao contrário do aborto e do casamento entre pessoas do mesmo sexo (ou alguma outra forma reconhecida de união homoafetiva), que são permitidas na maioria dos países desenvolvidos, o suicídio com assistência médica permanece

---

[489] O fato de não haver uma proibição ou um uso potencial da coerção estatal não obriga as pessoas que tenham uma divergência moral a permanecer em silêncio. V. H.L.A. Hart, *Law, Liberty and Morality*, 1963, p. 76: "É uma má compreensão desastrosa da moralidade pensar que, onde não podemos usar a coerção em seu apoio, devemos ficar em silêncio e indiferentes".

[490] The Hippocratic Oath, traduzido ao inglês por Michael North, National Library of Medicine, National Institutes of Health. Disponível em: <http://www.nlm.nih.gov/hmd/greek/greek_oath.html>.

ilegal de modo geral. Na Europa, como mencionado anteriormente, a Corte Europeia de Direitos Humanos afirmou, no caso *Pretty* v. *United Kingdom*,[491] que não há um direito fundamental ao suicídio assistido.

A Suprema Corte do Canadá chegou ao mesmo resultado ao declarar a constitucionalidade da Seção 241 (b) do Código Penal, que criminalizou a assistência ao suicídio.[492] Em uma decisão por 5 a 4, a Corte considerou que: 1. O interesse do Estado na proteção da vida e dos vulneráveis deve prevalecer sobre as reivindicações de autonomia pessoal, de integridade física e psíquica e da dignidade humana; 2. A cláusula da proibição de penas cruéis e incomuns não se aplica; e 3. A proibição do suicídio assistido, mesmo sendo uma violação do direito à igualdade, foi justificada por objetivos legislativos substanciais e passou no teste da proporcionalidade.[493] Além disso, a maioria afirmou ser papel do Parlamento — e não da Corte — lidar com a questão do suicídio assistido.[494] Os *Justices* vencidos argumentaram enfaticamente que:

> Proibições estatais que forçam um paciente racional, mas incapacitado e em estado terminal, a uma morte terrível e dolorosa são uma afronta à dignidade humana. Não há diferença entre permitir que um paciente mentalmente são escolha a morte com dignidade, recusando tratamento, e permitir que outro paciente mentalmente são, em estado terminal, também escolha a morte com dignidade, pondo fim à sua vida mantida pelo tratamento, mesmo se, por causa de incapacidade física, essa ação tenha que ser realizada por outra pessoa, de acordo com as instruções do paciente.[495]
>
> A Seção 241 (b) do *Código* viola o direito à igualdade contido na Seção 15 (1) da Carta [cláusula da igual proteção]. Embora, à primeira vista, a S. 241 (b) seja aparentemente neutra em sua aplicação, ela tem como efeito a criação de uma desigualdade, uma vez que impede as pessoas fisicamente incapazes de acabarem sozinhas com suas vidas e escolherem o suicídio, enquanto essa opção é, em princípio, disponível para os demais membros da sociedade sem que configure uma violação da lei.[496]
>
> No entanto, nem o temor de que, na ausência de proibição, o suicídio assistido possa vir a ser usado na prática de assassinatos, nem o temor de que o consentimento do paciente possa, de fato, não ser dado voluntariamente,

---

491 Application No. 2346/02 (2002). Disponível em: <http://cmiskp.echr.coe.int/tkp197/view.asp?action=html&documentId=698325&portal=hbkm&source=externalbydocnumber&table=F69A27FD8FB86142BF01C1166DEA398649>.

492 *Rodriguez* v. *British Columbia (Attorney General)*, [1993] 3 SCR 519. Disponível em: <http://scc.lexum.org/en/1993/1993scr3-519/1993scr3-519.html>.

493 *Rodriguez* v. *British Columbia (Attorney General)*, [1993] 3 SCR 519.

494 *Rodriguez* v. *British Columbia (Attorney General)*, [1993] 3 SCR 519.

495 *Rodriguez* v. *British Columbia (Attorney General)*, [1993] 3 SCR 519. (*Cory, J., divergindo*).

496 *Rodriguez* v. *British Columbia (Attorney General)*, [1993] 3 SCR 519. (*Lamer, C. J., divergindo*).

são suficientes para superar o direito conferido ao recorrente pela S. 7 de encerrar a sua vida quando e como assim decidir.[497]

Um pequeno conjunto de países tem legalizado o suicídio com assistência médica, incluindo Bélgica, Colômbia, Holanda, Luxemburgo e Suíça. Nos Estados Unidos, onde proibições ao suicídio assistido instituídas por alguns estados foram mantidas pela Suprema Corte,[498] três estados já legalizaram essa prática para pessoas com tempo restante de vida muito limitado. A Lei da Morte com Dignidade do Oregon (*Death with Dignity Act*) exige o diagnóstico de doença terminal que vai, "de acordo com um julgamento médico razoável, resultar em morte dentro de seis meses".[499] A Lei da Morte com Dignidade de Washington, aprovada em 2009, também possui um dispositivo que exige que os pacientes "tenham menos de seis meses de vida", para que estejam dentro do âmbito de aplicação da Lei.[500] O último estado americano a adotar um regime de suicídio assistido foi Montana, que, mediante decisão da sua Suprema Corte, considerou imunes à persecução penal os médicos que auxiliam pacientes em estado terminal a morrer.[501] O Legislativo desse estado, contudo, tem hesitado em aprovar uma lei que descreva integralmente os limites do direito de morrer, deixando a questão em uma espécie de "limbo jurídico".[502] As normas desses estados americanos são mais rigorosas do que as de outros países. Na Holanda, por exemplo, o parâmetro é mais flexível e as pessoas diante da perspectiva de um "sofrimento insuportável sem expectativa de melhora" podem realizar o suicídio assistido, independentemente de um diagnóstico que preveja com exatidão o tempo remanescente de vida.[503] Na Bélgica, de maneira similar, os pacientes que sofrem "dores físicas ou psicológicas constantes e insuportáveis, resultantes de um

---

[497] *Rodriguez* v. *British Columbia (Attorney General)*, [1993] 3 SCR 519. (*L'Hereux-Dubé e McLachlin, JJ., divergindo*).

[498] V. *Vacco* v. *Quill*, 521 U.S. 793 (1997) e *Washington* v. *Glucksberg*, 421 U.S. 702 (1997).

[499] ORS 127.505. Disponível em: <http://public.health.oregon.gov/ProviderPartnerResources/EvaluationResearch/DeathwithDignityAct/Pages/ors.aspx>.

[500] RCW 70.245. <http://www.doh.wa.gov/dwda/>.

[501] Kirk Johnson, Montana Ruling Bolsters Doctor-Assisted Suicide, *New York Times* 31 dedezembro de 2009. Disponível em: <http://www.nytimes.com/2010/01/01/us/01suicide.html>.

[502] Montana lawmakers put physician-assisted suicide issue on hold. *Billings Gazette*, 20 fev. 2011. Disponível em: <http://billingsgazette.com/news/state-and-regional/montana/article_a35791fe-3d00-11e0-bff3-001cc4c002e0.html>.

[503] Disponível em: <http://www.aph.gov.au/library/pubs/rn/2000-01/01rn31.htm>.

acidente ou de uma doença", são legalmente autorizados a solicitar o suicídio assistido aos seus médicos.[504]

Por fim, é necessário examinar a relação entre o suicídio assistido e cada um dos três elementos do conceito de dignidade humana apresentados. No que diz respeito ao *valor intrínseco*, o *direito à vida* seria naturalmente um obstáculo para a legalização do suicido assistido. É difícil encontrar um direito de morrer que pudesse ser invocado para se contrapor ao direito à vida. A morte é uma inevitabilidade e não uma escolha.[505] Mas certamente há um *direito à integridade física e mental* que também está associado com o valor inerente de cada ser humano.[506] O fato é que a tecnologia médica contemporânea tem a capacidade de transformar o processo da morte em uma jornada que pode ser mais duradoura e dolorosa do que o necessário. Cada indivíduo, portanto, deveria ter o direito de morrer com dignidade e de não ser obrigado a sofrer por um período prolongado de tempo, privado do domínio normal sobre o seu próprio corpo. De uma forma um tanto paradoxal, no plano do valor intrínseco, o direito à vida e o direito à integridade podem se contrapor um ao outro.

No caso da *autonomia*, sua preservação é um dos pontos centrais do debate sobre suicídio assistido, ao lado do alívio do sofrimento e da preservação do valor comunitário.[507] A autonomia normalmente reforça a ideia de que uma pessoa sã tem o direito, em certas circunstâncias, de escolher morrer se, após uma reflexão ponderada, ela constata que "o sofrimento incessante supera o valor de seguir vivendo".[508] E, desde que o médico concorde em realizar o procedimento, não há nenhuma outra autonomia em questão. O *valor comunitário*, contudo, provoca uma discussão mais complexa. Minha inequívoca convicção é que a comunidade e o Estado não devem ter o direito de impor suas concepções moralistas e paternalistas sobre alguém que é vítima de um sofrimento

---

[504] Belgium legalizes euthanasia, *BBC News* 16 maio 2012. Disponível em: <http://news.bbc.co.uk/2/hi/europe/1992018.stm>.

[505] V. Luís Roberto Barroso e Letícia Martel. A morte como ela é: dignidade e autonomia individual no final da vida. *In*: Tânia da Silva Pereira (Org.). *Vida, morte e dignidade humana.*

[506] A meu ver, a igualdade não desempenha qualquer papel nesse cenário.

[507] V. Joshua Hauser, Beyond Jack Kevorkian (*Harvard Medical Alumni Bulletin*, 2000. Disponível em: <http://harvardmedicine.hms.harvard.edu/doctoring/medical%20ethics/kevorkian.php>), onde se lê: "Uma discussão de três valores integrados — aliviar o sofrimento, preservar a autonomia, e manter a comunidade — representa um ponto de partida mais apropriado do que debates sobre a moralidade e a legalidade do suicídio assistido".

[508] Peter Rogatz (The Virtues of Physician-Assisted Suicide, *The Humanist*, Nov./Dec. 2001, Disponível em: <http://www.thehumanist.org/humanist/articles/rogatz.htm>).

desesperançado e está próximo do fim da sua vida. Todavia, eles têm a autoridade e o dever de estabelecer algumas salvaguardas com o objetivo de garantir que a autonomia de cada paciente seja adequadamente exercida. De fato, existe um risco real de que a legalização do suicídio assistido possa colocar pressão sobre os mais velhos e sobre aqueles acometidos de doenças terminais, que os levem a optar pela morte com a finalidade reduzir o ônus sobre os seus familiares. Em tais cenários, embora a opção por morrer seja uma decorrência da autonomia, na verdade ela se torna o produto de uma coerção sobre indivíduos vulneráveis e marginalizados, o que reduz o valor das suas vidas e da sua dignidade.[509] Por esses motivos, os indivíduos que são vítimas de doenças terminais e passam por grande sofrimento, assim como aqueles que se encontram em estado vegetativo permanente,[510] deveriam ter direito ao suicídio assistido, mas a legislação deve ser cuidadosamente elaborada para garantir que a ideia moralmente aceitável da morte com dignidade não se torne uma "receita para o abuso de idosos".[511]

Essas pertinentes preocupações com a proteção das pessoas vulneráveis não abalam, todavia, a ideia central defendida nesse tópico: quando dois direitos individuais da mesma pessoa estão em conflito é razoável e desejável que o Estado resguarde a autonomia pessoal.[512] Afinal de contas, o Estado deve respeitar as escolhas de uma pessoa quando é a sua própria tragédia que está em jogo.[513]

---

[509] As mesmas preocupações estão presentes em Martha Nussbaum, Human Dignity and Political Entitlements. *In*: *Human Dignity and Bioethics (Essays Commissioned by the President's Council on Bioethics)*, p. 373. V. também Ronald Dworkin (*Life's Dominion*, 1994, p. 190).

[510] A questão do consentimento, quando há o envolvimento de uma pessoa que seja de algum modo incapaz, traz grande complexidade no que se refere à prova da vontade real do paciente, à determinação do que ele desejaria e à identificação do que seria o seu melhor interesse. Algumas dessas questões foram abordadas em *Cruzan* v. *Director, Missouri Dept. of Health*, 497 U.S. 261 (1990), em que não se permitiu aos pais de uma paciente recusar, em nome desta, o tratamento que a mantinha viva, na ausência de uma "clara e convincente" evidência do seu desejo. Para uma crítica dessa decisão, v. Ronald Dworkin (*Life's Dominion*, 1994, p. 196-8). Para uma discussão mais profunda sobre o consentimento, v. Deryck Beyleveld e Roger Brownsword (*Consent in the Law*, 2007).

[511] Margaret K. Dore (*Physician-Assisted Suicide*: A Recipe for Elder Abuse and the Illusion of Personal Choice, Vermont Bar Journal, 2011).

[512] Para a defesa de uma atitude de restrição do Estado e da comunidade, v. Ronald Dworkin (*Life's Dominion*, 1994, p. 239).

[513] Lorenzo Zucca (*Constitutional Dilemmas*, 2008, p. 169, acesso através do *Oxford Scholarship Online*: <http://www.oxfordscholarship.com.ezp-prod1.hul.harvard.edu/oso/private/content/law/9780199552184/p045.html#acprof-9780199552184-chapter-7>).

I. A UNIDADE NA PLURALIDADE

A filosofia grega antiga esteve centrada na busca por um princípio último — um substrato comum para todas as coisas, um elemento integrador subjacente à diversidade[514] — um problema conhecido como "o um e os muitos" (*the one and the many*),[515] a unidade na pluralidade. Se tal conceito fosse aplicado às sociedades democráticas modernas, a dignidade humana seria um dos principais candidatos ao papel de maior de todos os princípios, aquele que está na essência de todas as coisas. É verdade que circunstâncias culturais e históricas de diferentes partes do mundo afetam decisivamente o significado e o alcance da dignidade humana. Porém, como intuitivo, aceitar que uma ideia possa estar integralmente à mercê de vicissitudes geopolíticas, sem conservar um núcleo essencial de sentido, inviabilizaria o seu uso como um conceito funcional em nível doméstico e transnacional. O ambicioso e arriscado propósito desse artigo foi identificar a natureza jurídica da ideia de dignidade humana e dar a ela um conteúdo mínimo do qual se possam extrair consequências jurídicas previsíveis e aplicáveis em todo o mundo. Trata-se de um esforço para encontrar pontos de identidade no seu uso ou, na pior das hipóteses, ao menos estabelecer uma terminologia comum. Tendo isso em mente, a dignidade humana foi aqui caracterizada como um valor fundamental que está na origem dos direitos humanos, assim como um princípio jurídico que 1. Fornece parte do significado nuclear dos direitos fundamentais e 2. Exerce a função de um princípio interpretativo, particularmente na presença de lacunas, ambiguidades e colisões entre os direitos — ou entre direitos e metas coletivas —, bem como no caso de desacordos morais. A bem da verdade, o princípio da dignidade humana, como aqui elaborado, tenta proporcionar um roteiro para a estruturação do raciocínio jurídico nos casos difíceis, sem a pretensão de ser capaz de suprimir ou resolver os desacordos morais, uma tarefa inatingível.

[514] Frederick Copleston (*A History of Philosophy*, 1960, v. 1, p. 13-80).

[515] Frederick Copleston (*A History of Philosophy*, 1960, v. 1, p. 76).

Após sustentar que a dignidade humana deve ser considerada um princípio jurídico — e não um direito fundamental autônomo —, o presente estudo propõe três elementos como seu conteúdo mínimo, extraindo de cada um deles um conjunto de direitos e consequências. Para finalidades jurídicas, a dignidade humana pode ser dividida em três componentes: *valor intrínseco*, que se refere ao *status* especial do ser humano no mundo; *autonomia*, que expressa o direito de cada pessoa, como um ser moral e como um indivíduo livre e igual, tomar decisões e perseguir o seu próprio ideal de vida boa; e *valor comunitário*, convencionalmente definido como a interferência social e estatal legítima na determinação dos limites da autonomia pessoal. Essa dimensão comunitária da dignidade humana deve estar sob escrutínio permanente e estrito, devido aos riscos de o moralismo e o paternalismo afetarem direitos e escolhas pessoais legítimas. Na estruturação do raciocínio jurídico nos casos mais complexos e divisivos, afigura-se bastante útil identificar e discutir as questões relevantes que emergem de cada um desses três níveis de análise, o que confere mais transparência e controlabilidade social (*accountability*) para a argumentação e escolhas realizadas por juízes, tribunais e intérpretes em geral.

II. EPÍLOGO: IGUAIS, NOBRES E DEUSES

Como visto, a dignidade, em uma linha de desenvolvimento semântico que remonta à Antiguidade, era um conceito associado à ideia de classe e hierarquia: o *status* de certas posições sociais e políticas. A dignidade, então, estava vinculada à honra e conferia a alguns indivíduos privilégios e tratamentos especiais. Nesse sentido, a dignidade pressupunha uma sociedade estratificada e denotava nobreza, aristocracia e a condição superior de algumas pessoas sobre outras. Ao longo dos séculos, contudo, com o impulso da religião, da filosofia e da Política, uma ideia diferente de dignidade foi sendo desenvolvida — a *dignidade humana* —, destinada a assegurar o mesmo valor intrínseco para todos os seres humanos e o lugar especial ocupado pela humanidade no universo. Esse é o conceito explorado neste artigo, que está na origem dos direitos humanos, particularmente dos direitos à liberdade e à igualdade. Essas ideias estão agora consolidadas nas democracias constitucionais e algumas aspirações mais altas têm sido cultivadas. Em algum lugar do futuro, com a dose adequada de idealismo e de determinação política, a dignidade humana se tornará a fonte do tratamento especial e elevado destinado a todos os indivíduos: cada um desfrutando o nível máximo atingível de direitos, respeito e realização pessoal. Todas as pessoas serão nobres.[516] Ou melhor, como na lírica passagem de *Les Misérables*, "todo homem será rei".[517] E mais à frente ainda, como o desejo e a ambição são ilimitados, os homens vão querer ser deuses.[518]

[516] Essa ideia é defendida em Jeremy Waldron (Dignity, Rank, and Rights: The 2009 Tanner Lectures at UC Berkley. *Public Law & Legal Theory Research Paper Series 2009 Working Paper No. 09-50*, p. 29): "Então, esta é a minha hipótese: a noção moderna de *dignidade humana* envolve um nivelamento por cima, de modo que agora nós busquemos conceder a todo ser humano algo da dignidade, posição e expectativa de respeito que era anteriormente concedida a nobreza". Waldron deu o crédito da ideia para Gregory Vlastos, Justice and Equality. *In*: Jeremy Waldron (Ed.), *Theories of Rights*, 1984, p. 41.

[517] V. Alain Boublil e Herbert Kretzmer *One Day More*: "Um dia para um novo começo/Levante alto a bandeira da liberdade!/Todo homem será rei/Todo homem será rei/Há um mundo novo para os vencedores/Há um mundo novo a ser vencido/Você escuta o povo cantar?".

[518] Essa ideia está em Jean-Paul Sartre (*The Being and the Nothingness*, p. 735 e 764. trad. Hazel E. Barnes, 1956); e também em Jean-Paul Sartre (*Existentialism as Humanism*, 1973, p. 63) ("A melhor maneira de conceber o projeto fundamental da realidade humana é dizer que o homem é o ser cuja meta é ser Deus"). O tema voltou a ser abordado em Roberto Mangabeira Unger (*The Self Awakened: Pragmatism Unbound*, 2007, p. 256). Para Unger, o projeto de divinização é impossível, mas sempre há maneiras pelas quais "nós podemos nos tornar mais semelhantes a Deus".

O uso da dignidade humana pela jurisprudência brasileira

O texto aqui publicado teve por objetivo principal construir um conceito de dignidade que pudesse ser utilizado universalmente, em diferentes cenários políticos e culturais. Por essa razão, explorou decisões proferidas por diversas cortes constitucionais e tribunais constitucionais do mundo. Ademais, como a publicação do texto original se deu nos Estados Unidos, houve uma ênfase particular na jurisprudência da Suprema Corte americana. Diante disso, pareceu-me bem acrescentar, à publicação brasileira do texto, um levantamento referencial das decisões dos tribunais superiores brasileiros que invocaram a ideia de dignidade humana, a começar pelo Supremo Tribunal Federal.

No Brasil, como regra geral, a invocação da dignidade humana pela jurisprudência tem se dado como mero reforço argumentativo de algum outro fundamento ou como ornamento retórico. Existe uma forte razão para que seja assim. É que com o grau de abrangência e de detalhamento da Constituição brasileira, inclusive no seu longo elenco de direitos fundamentais,[519] muitas das situações que em outras jurisdições envolvem a necessidade de utilização do princípio mais abstrato da dignidade humana, entre nós já se encontram previstas em regras específicas de maior densidade jurídica. Diante disso, a dignidade acaba sendo citada apenas em reforço. No constitucionalismo brasileiro, seu principal âmbito de incidência dar-se-á em situações de *ambiguidade de linguagem* — como parâmetro para escolha de uma solução e não de outra, em função da que melhor realize a dignidade —, de *lacuna normativa* — para integração da ordem jurídica em situações, por exemplo, como a das uniões homoafetivas —, de *colisões de normas constitucionais e direitos fundamentais* — como, por exemplo, entre liberdade de expressão, de um lado, e direito ao reconhecimento e à não discriminação, de outro[520] — e nas de *desacordo moral razoável,*

[519] O art. 5º da Constituição de 1988, dedicado aos direitos individuais, contém 78 incisos.

[520] Um critério decisivo, aqui, há de ser a vulnerabilidade do grupo afetado pelo radicalismo verbal. A expressão "branco safado", por exemplo, tem um impacto diverso da de "negro

como elemento argumentativo da construção justa. No capítulo final se procura fazer essa demonstração.

I. A JURISPRUDÊNCIA DO SUPREMO TRIBUNAL FEDERAL

A referência à dignidade humana, na jurisprudência do Supremo Tribunal Federal, é especialmente abundante em matéria penal e processual penal. Em diversos julgados está expressa ou implícita a não aceitação da instrumentalização do acusado ou do preso aos interesses do Estado na persecução penal. O indivíduo não pode ser uma engrenagem do processo penal, decorrendo, de sua dignidade, uma série de direitos e garantias. Daí a existência de decisões assegurando aos que são sujeitos passivos em procedimentos criminais o direito: a) à não autoincriminação,[521] b) à presunção de inocência,[522] c) à ampla defesa,[523] d) contra o excesso de prazo em prisão preventiva,[524] e) ao livramento condicional,[525] f) às saídas temporárias do preso,[526] g) à não utilização injustificada de algemas,[527] h) à aplicação do princípio da insignificância[528] e i) ao cumprimento de pena em prisão domiciliar.[529] A ideia kantiana do *fim-em-si* foi utilizada em acórdão em que se discutiu a competência para julgamento de crime de redução de pessoas à condição análoga à de escravo.[530]

Existem, igualmente, precedentes do STF relacionados à manutenção da integridade física e moral dos indivíduos,[531] ao tratamento

---

safado", em razão do histórico de opressão e discriminação que assinala a trajetória dos afrodescendentes no Brasil.

[521] STF. *DJ*, 16 fev. 2001, HC nº 79.812/SP, Rel. Min. Celso de Mello.

[522] STF. *DJ*, 17 out. 2008, HC nº 93.782/RS, Rel. Min. Ricardo Lewandowski.

[523] STF. *DJ*, 20 out. 2006, HC nº 85.327/SP, Rel. Min. Gilmar Mendes; STF, *DJ* 2 fev. 2010, HC nº 86.000/PE, Rel. Min. Gilmar Mendes; STF, *DJ*, 27 maio 2005, HC nº 84.768/PE, Relª. Minª. Ellen Gracie; STF, *DJ* 22, set. 2009, HC nº 89.176/PR, Rel. Min. Gilmar Mendes.

[524] STF. *DJ*, 30 abr. 2010, HC nº 98.579/SP, Rel. p/ acórdão Min. Celso de Mello.

[525] STF. *DJ*, 04 dez. 2009, HC nº 99.652/RS, Rel. Min. Carlos Britto.

[526] STF. *DJ*, 20 maio 2010, HC nº 98.067/RS, Rel. Min. Marco Aurélio.

[527] STF. *DJ*, 19 dez. 2008, HC nº 91952/SP, Rel. Min. Marco Aurélio.

[528] STF. *DJ*, 05 set. 2008, HC nº 90.125/RS, Rel. p/ acórdão Min. Eros Grau.

[529] STF. *DJ*, 04 jun. 2004, HC nº 83.358/SP, Rel. Min. Carlos Britto.

[530] STF. *DJ*, 19 dez. 2008, RE nº 398.041/PA, Rel. Min. Joaquim Barbosa.

[531] STF. *DJ*, 22 nov. 1996, HC nº 71.373/RS, Rel. Min. Francisco Rezek, Rel. p/ acórdão Min. Marco Aurélio. O caso trata da questão da realização compulsória de exame de DNA para fins de comprovação de paternidade. Por maioria, o STF entendeu que a realização forçada de exames invade a privacidade, a intimidade e a integridade física individuais, protegidas pela dignidade.

diferenciado devido a portadores de deficiência[532] e à proibição da tortura e de tratamento desumano, degradante ou cruel.[533] O princípio da dignidade humana também foi invocado em decisões como a da não recepção da Lei de Imprensa pela Constituição de 1988[534] e na relativa à demarcação da reserva indígena Raposa Serra do Sol.[535] No controvertido tema do direito à saúde, sobretudo quando envolvidos procedimentos médicos e medicamentos não oferecidos no âmbito do Sistema Único de Saúde (SUS), a dignidade humana também costuma ser invocada como argumento último, que encerra a discussão.[536] A circunstância de que o orçamento da saúde é finito e que, portanto, em muitas situações, destinar os recursos ao atendimento de uma pretensão judicial é retirá-los de outros destinatários, agrega complexidade ao debate. Com frequência, a ponderação adequada a se fazer envolve a vida, a saúde e a dignidade de uns *versus* a vida, a saúde e a dignidade de outros.[537] A dignidade humana foi igualmente invocada em relação ao direito à educação, para fins de matrícula de uma criança na pré-escola.[538] E, ainda, como fundamento limitador da liberdade de expressão, mantendo-se a condenação de Senador que ofendera a honra de um juiz.[539]

Dois casos julgados em 2011 colocam em questão o tema da banalização do uso da dignidade humana como fundamento de decidir. O primeiro deles envolve a "briga de galo".[540] Em ação direta de inconstitucionalidade, de relatoria do Min. Celso de Mello, discutiu-se a constitucionalidade da lei do Estado do Rio de Janeiro[541] que permite a exposição e competição entre aves combatentes, notoriamente a briga de galo. A ADIn foi julgada procedente e a lei foi declarada inconstitucional sob o fundamento de que o texto legal caracteriza prática criminosa, tipificada em legislação ambiental, além de atentar contra a Constituição, que proíbe a submissão de animais a atos de crueldade, em seu artigo

---

[532] STF. *DJ*, 17 out. 2008, ADI nº 2649/DF, Relª. Minª. Cármen Lúcia.

[533] STF. *DJ*, 10 ago. 2001, HC nº 70.389, Rel. Min. Celso de Mello.

[534] STF. *DJ*, 05 nov. 2009, ADPF nº 130/DF, Rel. Min. Carlos Britto.

[535] STF. *DJ*, 25 set. 2009, Pet nº 3388/RR, Rel. Min. Carlos Britto.

[536] STF. *DJ*, 26 abr. 2010, STA nº 316/SC, Rel. Min. Gilmar Mendes (presidente).

[537] Sobre o tema, v. Luís Roberto Barroso, Da falta de efetividade à judicialização excessiva: direito à saúde, fornecimento gratuito de medicamentos e parâmetros para a atuação judicial, *Interesse Público – IP*, ano 9, n. 46, p. 31, 2007.

[538] STF. *DJ*, 14 set. 2011, ARE nº 639.337 AgR/SP, Rel. Min. Celso de Mello.

[539] STF. *DJ*, 30 ago. 2011, AO nº 1.390/PB, Rel. Min. Dias Toffoli.

[540] STF. *DJ*, 13 out. 2011, ADI nº 1.856/RJ, Rel. Min. Celso de Mello.

[541] Lei nº 2.895/98.

225, *caput* e §1º, VII,[542] e prega o direito fundamental à preservação da integridade do meio ambiente. Em discussão no plenário, no entanto, o Ministro Cezar Peluso, com a aprovação de dois outros Ministros, defendeu que o caso em questão relaciona-se também com o princípio da dignidade da pessoa humana, uma vez que a lei estadual estimularia a prática de atos degradantes, por sua irracionalidade, à figura humana. Com o respeito devido e merecido, proibir a briga de galo com base no princípio da dignidade da pessoa humana afigura-se um uso alargado em demasia do princípio.[543] O que poderia ter sido suscitado, isso sim, seria o reconhecimento de dignidade aos animais. Uma dignidade que, naturalmente, não é humana nem deve ser aferida por seu reflexo sobre as pessoas humanas, mas pelo fato de os animais, como seres vivos, terem uma dignidade intrínseca e própria.

O tema foi explicitamente debatido em um outro caso, envolvendo a desconsideração de coisa julgada, em caso de investigação de paternidade.[544] De fato, uma ação de investigação de paternidade fora julgada improcedente, por falta de provas, não tendo sido realizado, na ocasião, exame de DNA, em razão da hipossuficiência do autor. Posteriormente, viabilizada a realização do exame, nova ação foi proposta, tendo o tribunal *a quo* extinto o processo, em razão da coisa julgada material. O STF reconheceu repercussão geral na matéria e, por maioria, entendeu ser o caso de relativização da coisa julgada, em favor do direito fundamental à busca da identidade genética. Em seu voto, todavia, o relator, Min. Dias Toffoli, criticou o "abuso retórico" da invocação da dignidade humana que, segundo ele, precisaria ser salva "de si mesma".[545] Em linha diversa, o Ministro Luiz Fux afirmou ser a "imbricação" entre o direito fundamental à identidade genética

---

[542] CF, art 225, *caput* e §1º, VII: "Todos têm direito ao meio ambiente ecologicamente equilibrado, bem de uso comum do povo e essencial à sadia qualidade de vida, impondo-se ao Poder Público e à coletividade o dever de defendê-lo e preservá- lo para as presentes e futuras gerações. §1º – Para assegurar a efetividade desse direito, incumbe ao Poder Público: VII – proteger a fauna e a flora, vedadas, na forma da lei, as práticas que coloquem em risco sua função ecológica, provoquem a extinção de espécies ou submetam os animais a crueldade".

[543] Sobre o ponto, no mesmo sentido, v. Marcelo Neves. *Entre Hidra e Hércules: princípios e regras constitucionais como diferença paradoxal do sistema jurídico*, 2012. No prelo.

[544] STF. *DJ*, 16 dez. 2011, RE nº 363.889/DF, Rel. Min. Dias Toffoli.

[545] "[C]onsidero haver certo abuso retórico em sua invocação [da dignidade humana] nas decisões pretorianas, o que influencia certas doutrinas, especialmente do Direito Privado, transformando a conspícua dignidade humana, (...) em verdadeira panacéia de todos os males. Dito de outro modo, se para tudo se há de fazer emprego desse princípio, em última análise, ele para nada servirá. (...) Creio que é necessário salvar a dignidade da pessoa humana de si mesma".

e o "núcleo do princípio da dignidade humana" o fundamento para se acolher o pedido. Pessoalmente, embora considere pertinente a advertência do Ministro Dias Toffoli, penso que a importância da coisa julgada como garantia constitucional, veiculada sob a forma de regra (cuja ponderação, portanto, é atípica), exige a presença — como na hipótese — de uma força axiológica superior para que se admita seja excepcionada. Tal é o caso do princípio da dignidade da pessoa humana.

II. JURISPRUDÊNCIA DOS TRIBUNAIS SUPERIORES

Também no Superior Tribunal de Justiça têm se multiplicado as referências à dignidade da pessoa humana em decisões as mais variadas. Há precedentes em quase todas as áreas do direito, envolvendo a) mínimo existencial,[546] b) restrição ao direito de propriedade,[547] c) uso de algemas,[548] d) crime de racismo,[549] e) tortura,[550] f) vedação do trabalho escravo,[551] g) direito de moradia,[552] h) direito à saúde,[553] i) aposentadoria de servidor público por invalidez,[554] j) vedação do corte de energia elétrica para serviços públicos essenciais,[555] k) dívidas de alimentos,[556] l) adoção,[557] m) investigação de paternidade,[558] n) disputa de guarda de menor,[559] o) direito ao nome,[560] p) uniões homoafetivas,[561] q) redesignação sexual[562] e r) proteção aos portadores de deficiência física,[563] em meio a muitos outros.

[546] STJ. *DJ*, 16 set. 2009, REsp nº 1.041.197/MS, Rel. Min. Humberto Martins.
[547] STJ. *DJ*, 04 fev. 2010, IF nº 92/MT, Rel. Min. Fernando Gonçalves.
[548] STJ. *DJ*, 29 mar. 2010, HC nº 119.285/PR, Relª. Minª. Laurita Vaz.
[549] STJ. *DJ*, 08 jun. 2009, REsp nº 911.183/SC, Rel. p/ acórdão Min. Jorge Mussi.
[550] STJ. *DJ*, 05 nov. 2009, REsp nº 1.104.731/RS, Rel. Min. Herman Benjamin.
[551] STJ. *DJ*, 1º jul. 2009, MS nº 14.017/DF, Rel. Min. Herman Benjamin.
[552] STJ. *DJ*, 21 nov. 2008, REsp nº 980.300/PE, Rel. Min. Mauro Campbell Marques.
[553] STJ. *DJ*, 08 mar. 2010, HC nº 51.324/ES, Rel. Min. Arnaldo Esteves Lima.
[554] STJ. *DJ*, 29 mar. 2010, REsp nº 942.530/RS, Rel. Min. Jorge Mussi.
[555] STJ. *DJ*, 03 ago. 2009, EREsp/RJ nº 845.982, Rel. Min. Luiz Fux.
[556] STJ. *DJ*, 05 ago. 2008, RHC nº 23.552/RJ, Rel. Min. Massami Uyeda.
[557] STJ. *DJ*, 29 out. 2008, REsp nº 1.068.483/RO, Rel. Min. Francisco Falcão.
[558] STJ. *DJ*, 09 dez. 2008, AgRg no AgRg no Ag nº 951.174/RJ, Rel. Min. Carlos Fernando Mathias.
[559] STJ. *DJ*, 15 mar. 2010, CC nº 108.442/SC, Rel. Min. Nancy Andrighi.
[560] STJ. *DJ*, 04 ago. 2009, REsp nº 964.836/BA, Relª. Minª. Nancy Andrighi.
[561] STJ. *DJ*, 23 fev. 2010, REsp nº 1.026.981/RJ, Relª. Minª. Nancy Andrighi.
[562] STJ. *DJ*, 18 nov. 2009, REsp nº 1.008.398/SP, Relª. Minª. Nancy Andrighi.
[563] STJ. *DJ*, 13 out. 2010, REsp nº 578085/SP, Rel. Min. Arnaldo Esteves Lima.

A dignidade humana também encontra espaço considerável na jurisprudência dos Tribunais Superiores da Justiça da União. Ainda em matéria criminal, a dignidade foi mencionada pelo Superior Tribunal Militar em situações relacionadas a) à aplicação da pena;[564] b) à inadmissibilidade de denúncia genérica;[565] c) à submissão a tratamento médico sem consentimento;[566] e d) à inadmissibilidade das vedações genéricas à concessão de liberdade provisória.[567] Além disso, o STM já destacou que a dignidade humana é um dos valores condensados nos princípios da hierarquia e disciplina militares.[568] Na jurisprudência do Tribunal Superior Eleitoral, a dignidade humana foi utilizada como a) limite à liberdade de expressão nas propagandas eleitorais;[569] b) fundamento para proibir a realização coletiva do teste de alfabetização;[570] e, antes da Lei Complementar nº 135/2010,[571] como c) valor último a ser tutelado pela presunção de inocência em matéria de registro de candidatura de pessoas condenadas.[572] A dignidade é objeto de menções ainda mais frequentes pelo Tribunal Superior do Trabalho, havendo precedentes relacionados a: a) mitigação dos efeitos da nulidade do contrato de trabalho celebrado sem concurso público com ente da Administração indireta;[573] b) colisão entre a intimidade do credor e o direito do

[564] STM. *DJ*, 13 mar. 2007, Apelfo nº 2006.01.050302, Rel. Min. Marcus Herndl (no caso, decidiu-se pela aplicação do art. 71 do Código Penal, em vez do art. 80 do Código Penal Militar, considerado mais gravoso).

[565] STM. *DJ*, 1º dez. 2008, Rcrimfo nº 2008.01.007552-1, Relª. Minª. Maria Elizabeth Guimarães Teixeira Rocha.

[566] STM. *DJ*, 10 nov. 2009, HC nº 2008.01.034595-7, Rel. Min. Flávio Flores da Cunha Bierrenbach.

[567] STM. *DJ*, 12 maio 2009, HC nº 2008.01.034520-5, Rel. Min. Sergio Ernesto Alves Conforto (considerando inválida a vedação *ex lege*, sem motivação, à concessão de liberdade provisória).

[568] STM. *DJ*, 18 dez. 2009, Apelfo nº 2009.01.051387-6, Rel. Min. Flávio Flores da Cunha Bierrenbach.

[569] TSE. *DJ*, 25 ago. 2010, Rp nº 240991/DF, Relª. p/ acórdão Minª. Cármen Lúcia Antunes Rocha.

[570] TSE. *DJ*, 31 ago. 2004, RESPE nº 21920/MG, Rel. Min. Carlos Eduardo Caputo Bastos; TSE. *DJ*, 17 set. 2004, RCL nº 318/CE, Rel. Min. Luis Carlos Lopes Madeira (a realização coletiva exporia o interessado a situação constrangedora).

[571] A Lei Complementar nº 135, de 4 de junho de 2010, alterou a Lei Complementar nº 64/90 para considerar inelegíveis para qualquer cargo por 8 anos também os que forem condenados por decisão proferida por órgão judicial colegiado em certos crimes, elencados pela lei (LC nº 64/90, art. 1º, I, "e").

[572] TSE. *DJ*, 04 jul. 2008, CTA nº 1621/PB: "Só o trânsito em julgado de uma sentença condenatória, seja pelo cometimento de crime, seja pela prática de improbidade administrativa, pode impedir o acesso a cargos eletivos. Dir-se-á que o povo continuará a ser enganado por estelionatários eleitorais. A resposta é a de que a lei está de acordo com os melhores princípios que tutelam a dignidade humana; a falha está na respectiva aplicação" (extraído do voto do Ministro Ari Pargendler).

[573] Essa é a razão de ser da Súmula nº 363/TST — nesse sentido, v. TST. *DJ*, 09 maio 2003, RR nº 2368600-83.2002.5.11.0900, Rel. Des. Antônio José de Barros Levenhagen.

trabalhador à remuneração devida;[574] c) revista de funcionários;[575] d) dispensa discriminatória de empregado portador de HIV;[576] e) isonomia do empregado doméstico em relação aos demais em matéria de férias;[577] f) dano moral por declarações racistas feitas por empregador a empregado;[578] g) vedação à remuneração do trabalhador efetuada exclusivamente com cestas básicas;[579] h) impossibilidade de supressão, por acordo coletivo, de horário de pausa para alimentação e descanso;[580] i) responsabilização subsidiária da Administração Pública em caso de terceirização de mão de obra, quando o contratante não cumpre com encargos trabalhistas;[581] j) impenhorabilidade de bem de família;[582] k) redução progressiva e posterior supressão de carga horária de

---

[574] TST. *DJ*, 24 fev. 2006, ROMS nº 9185800-80.2003.5.02.0900, Rel. Min. José Simpliciano Fontes de F. Fernandes (admitiu a quebra do sigilo fiscal de sócio de empresa que não informara os bens de que dispunha para saldar a dívida da empresa, após desconsideração da personalidade jurídica dessa última).

[575] TST. *DJ*, 15 out. 2004, RR nº 660481-47.2000.5.01.5555, Rel. Min. José Antônio Pancotti: "Indiscutível a garantia de o empregador, no exercício do poder de direção e mando, fiscalizar seus empregados (...). A fiscalização deve dar-se, porém, mediante métodos razoáveis, de modo a não expor a pessoa do empregado a uma situação vexatória e humilhante, não submetendo o trabalhador ao ridículo, nem à violação de sua intimidade (CF/88, art. 5º, X)".

[576] TST. *DJ*, 03 jun. 2005, RR nº 396800-41.2001.5.12.0028, Rel. Min. Gelson de Azevedo.

[577] TST. *DJ*, 24 fev. 2006, RR nº 637060-43.2000.5.22.5555, Rel. Min. Lelio Bentes Corrêa. Em sua redação original, a Lei nº 5.859/72 garantia aos empregados domésticos um período de 20 (vinte) dias úteis de férias, enquanto os demais empregados, em geral, faziam jus a 30 (trinta) dias corridos de férias (CLT, art. 130, I). No caso, embora o recurso de revista não tenha sido conhecido no ponto, o Tribunal destacou que "a legislação que disciplina as férias do empregado doméstico já não mais encontra respaldo na ordem constitucional inaugurada em 05.10.1988, porquanto não se coaduna com os princípios da dignidade da pessoa humana e dos valores sociais do trabalho, tampouco com a finalidade social do instituto". Mais recentemente, a Lei nº 11.324/2006 alterou a redação do art. 3º da Lei nº 5.859/72 para conferir aos empregados domésticos o direito a 30 (trinta) dias de férias remuneradas.

[578] TST. *DJ*, 26 jun. 2005, RR nº 101100-94.2001.5.04.0561, Rel. Min. João Oreste Dalazen.

[579] TST. *DJ*, 23 nov. 2007, RR nº 153200-42.2002.5.04.0221, Rel. Min. Carlos Alberto Reis de Paula.

[580] TST. *DJ*, 13 set. 2002, RR nº 452564-72.1998.5.03.5555, Rel. Min. Walmir Oliveira da Costa.

[581] TST. *DJ*, 22 out. 2004, AIRR nº 9375900-35.2003.5.04.0900, Rel. Des. Conv. José Antônio Pancotti. O tema também é objeto da Súmula nº 331/TST, IV. Nada obstante, em recente julgado, o STF considerou constitucional o art. 71, §1º, da Lei nº 8.666/93, entendendo que a simples inadimplência do contratado não transferiria à Administração a responsabilidade pelo pagamento dos encargos, embora eventual omissão na obrigação de fiscalizar as obrigações do contratado pudesse gerar essa responsabilidade (STF, *Inf. 610*, ADC nº 16/DF, Rel. Min. Cezar Peluso).

[582] TST. *DJ*, 12 mar. 2004, RR nº 120640-61.2003.5.02.0902, Relª. Minª. Maria Cristina Irigoyen Peduzzi.

professor;[583] e l) incorporação de gratificação por cargo de confiança exercido por muitos anos.[584]

Do exame do amplo conjunto jurisprudencial aqui registrado, verifica-se que raramente a dignidade é o fundamento central do argumento e, menos ainda, tem o seu conteúdo explorado ou explicitado.

---

[583] TST. *DJ*, 28 out. 2004, AIRR nº 4789200-05.2002.5.01.0900, Rel. Des. José Antônio Pancotti: "Extrapola os limites de simples justa causa para resilição contratual, para alçar a lesão ofensiva à dignidade e à honra da pessoa do cidadão trabalhador, se o empregado professor dos cursos de graduação, pós-graduação e mestrado de uma instituição de ensino sofre gradativa redução da carga horária até a supressão das horas aulas, ficando impedido de trabalhar, sem pré-aviso, para afinal informar que necessitava de enxugar o quadro de professores".

[584] TST. *DJ*, 23. mar. 2001, RR nº 392441-61.1997.5.06.5555, Rel. Min. Walmir Oliveira da Costa.

REFERÊNCIAS

ABBAGNANO, Nicola. *Dicionário de Filosofia*. São Paulo: Martins Fontes, 1988.

ACKERMAN, Bruce. The rise of world constitutionalism. *Virginia Law Review*, n. 83, 1997.

ALEXY, Robert. *A theory of constitutional rights*. Trad. Julian Rivers. New York: Oxford University Press, 2004.

ALEXY, Robert. Balancing, constitutional review, and representation. *International Journal of Constitutional Law*, n. 3, 2005.

ALLEN, Anita L. Autonomy's magic wand: abortion and constitutional interpretation. *Boston University Law Review*, n. 72, s1992.

AMANN, Diane Marie. Raise the flag and let it talk: on the use of external norms in constitutional decision making. *International Journal of Constitutional Law*, n. 2, 2004.

ÁVILA, Humberto. *Theory of legal principles*. New York: Springer, 2007.

BALZER, Philipp; RIPPE, Klaus Peter; SCHABER, Peter. Two concepts of dignity for humans and non-human organisms in the context of genetic engineering. *Journal of Agricultural & Environmental Ethics*, n. 13, mar. 2000.

BARCELLOS, Ana Paula de. *A eficácia jurídica dos princípios*: o princípio da dignidade da pessoa humana. 2. ed. Rio de Janeiro: Renovar, 2008.

BARROSO, Luís Roberto. Da falta de efetividade à judicialização excessiva: direito à saúde, fornecimento gratuito de medicamentos e parâmetros para a atuação judicial. *Interesse Público – IP*, Belo Horizonte, ano 9, n. 46, nov./dez. 2007.

BARROSO, Luís Roberto. The americanization of constitutional law and its paradoxes: constitutional theory and constitutional jurisdiction in the contemporary world. *ILSA Journal of Int'l & Comparative Law*, n. 16, 2010.

BARROSO, Luís Roberto; MARTEL, Letícia. A morte como ela é: dignidade e autonomia individual no final da vida. *In*: PEREIRA, Tânia da Silva (Org.). *Vida, morte e dignidade humana*. Rio de Janeiro: GZ, 2010.

BERGER, Raoul. Justice Brennan v. The Constitution. *Boston College Law Review*, v. 29, 1988. Disponível em: <http://lawdigitalcommons.bc.edu/bclr/vol29/iss5/1>.

BEYLEVELD, Deryck; BROWNSWORD, Roger. *Consent in the law*. Oxford: Hart, 2007.

BEYLEVELD, Deryck; BROWNSWORD, Roger. *Human dignity in bioethics and biolaw*. Oxford: Oxford University Press, 2001.

BEYLEVELD, Deryck; BROWNSWORD, Roger. Human genetics and the law: regulating a revolution: human dignity, human rights, and human genetics. *The Modern Law Review*, n. 61, 1998.

BIRNIE, Patricia; BOYLE, Alan; REDGWELL, Catherine. *International law & the environment*. New York: Oxford University Press, 2009.

BÖCKENFÖRDE, Ernst-Wolfgang. Grundrechte als Grundatznormen: Zur gegenwärtigen Lage der Grundrechtsdogmatik. *Staat, Verfassung, Demokratie.* Frankfurt: Suhrkamp,1991.

BODIN, Jean. *Les six livres de la république.* 10. ed. Lyon, 1593.

BOGNETTI, Giovanni. The concept of human dignity in European and U.S. constitutionalism. *In*: NOLTE, George (Ed.). *European and U.S. Constitutionalism.* Cambridge: Cambridge University Press, 2005.

BOONSTRA, Heather D. The heart of the matter: public funding of abortion for poor women in the United States. *Guttmacher Policy Review*, v. 10, 2007. Disponível em: <http://www.guttmacher.org/pubs/gpr/10/1/gpr100112.html>.

BROWNSWORD, Roger. An interest in human dignity as the basis for genomic torts. *Washburn Law Journal*, n. 42, 2003.

BRUGGER, Winfried. Ban on or protection of hate speech?: some observations based on german and american Law. *Tulane European & Civil Law Forum*, n. 17, 2002.

CANCIK, Hubert. "Dignity of Man" and "Persona" in stoic anthropology: some remarks on Cicero, De Officis I 105-107. *In*: KRETZMER, David; KLEIN, Eckart (Ed.). *The concept of human dignity in human rights discourse.* Londres: The Hague Academy of Law Internacional, 2002.

CASSIRER, Ernst. *The philosophy of the enlightenment.* Trad. Fritz C.A. Koelln, James P. Pettegrove. Boston: Beacon Press, 1960.

CAYLA, Olivier; THOMAS, Yan. *Du droit de ne pas naître*: a propos de l'affaire perruche. Paris: Gallimard, 2002.

CHAUÍ, Marilena. *Convite à filosofia.* São Paulo: Ática, 1999.

COBB JR., John B. *Human dignity and the Christian tradition.* Disponível em: <http://www.religion-online.org/showarticle.asp?title=100>.

COHEN, Susan A. New data on abortion incidence, safety illuminate key aspects of worldwide abortion debate. *Guttmacher Policy Review*, n. 10, 2007. Disponível em: <http://www.guttmacher.org/pubs/gpr/10/4/gpr100402.html>.

CONSTANT, Benjamin. *The liberty of ancients compared with that of moderns.* 1816. Disponível em: <http://www.uark.edu/depts/comminfo/cambridge/ancients.html>.

CONSTITUTIONAL DESIGN GROUP. *Human dignity.* 2011. Disponível em: <http://www.constitutionmaking.org/files/human_dignity.pdf>.

COPLESTON, Frederick. *A history of philosophy.* New York: Doubleday Image, 1960. v. 1.

COURTIS, Christian. *The right to food as a justiciable right*: challenges and strategies. Max Planck, n. 11, 2007.

CRITTENDEN, Jack. The social nature of autonomy. *The Review of Politics*, n. 55, 1993.

DEVLIN, Patrick. *The enforcement of morals.* New York: Oxford University Press, 1965.

DILLER, Matthew. Poverty lawyering in the golden age. *Michigan Law Review*, n. 93, 1995.

DONNE, John. *Devotions upon emergent occasions.* 1624. Disponível em: <http://www.ccel.org/ccel/donne/devotions.iv.iii.xvii.i.html>.

DORE, Margaret K. Physician-assisted suicide: a recipe for elder abuse and the illusion of personal choice. *Vermont Bar Journal*, 2011.

DUNOFF, Jeffrey L.; TRACHTMAN, Joel P. A functional approach to global constitutionalism. *In*: DUNOFF, Jeffrey L.; TRACHTMAN; Joel P. (Ed.). *Ruling the world*: constitutionalism, international law, and global governance. Cambridge: Cambridge University Press, 2009.

DWORKIN, Ronald. *A matter of principle*. Cambridge: Harvard, 1985.

DWORKIN, Ronald. Hard Cases. *Harvard Law Review.*, n. 88, 1975.

DWORKIN, Ronald. *Is democracy possible here*: principles for a new political debate. Princeton: Princeton University Press, 2006.

DWORKIN, Ronald. *Justice for hedgehogs*. Cambridge, MA: Harvard University Press, 2011.

DWORKIN, Ronald. *Life's dominion*. New York: Vintage Books, 1993.

DWORKIN, Ronald. Rights as trumps. *In*: WALDRON, Jeremy (Ed.). *Theories of rights*. Oxford: Oxford University Press, 1984.

DWORKIN, Ronald. *Taking rights seriously*. Cambridge, MA: Harvard University Press, 1997.

DWORKIN, Ronald. The model of rules. *University of Chicago Law Review*, n. 35, 1967.

DWORKIN, Ronald. *The sovereign virtue*: the theory and practice of equality. Cambridge, MA: Harvard University Press, 2002.

ENGLARD, Izhak. Human dignity: from antiquity to modern Israel's constitutional framework. *Cardozo Law Review*, New York, n. 21, 1999-2000.

ENOCH, David. How is moral disagreement a problem for realism. *Journal of Ethics*, n. 13, 2009.

ERDMAN, Joanna N. In the back alleys of health care: abortion, equality, and community in Canada. *Emory Law Journal*, n. 56, 2007.

ESKRIDGE, William N.; SPEDALE, Darren R. *Gay Marriage*: for better and for worse: what we've learned from the evidence. New York: Oxford University Press, 2006.

EWING, Julie. *Case note*: the Perruche case. *Journal of Law and Family Studies*, n. 4, 2002.

FALLON JR., Richard H. Two senses of autonomy. *Stanford Law Review*, n. 46, 1994.

FEINBERG, Joel. *Offense to others*. New York: Oxford University Press, 1985.

FELDMAN, Noah. *Divided by God*: America's Church-State problem: and what we should do about it. New York: Farrar, Straus and Giroux, 2005.

FRASER, Nancy. *Redistribution or recognition*?: a political-philosophical exchange. London: Verso, 2003.

FRIEDMAN, Hershey H. *Human dignity and the jewish tradition*. Disponível em: <http://www.jlaw.com/Articles/HumanDingnity.pdf>.

FYFE, R. James. *Dignity as theory*: competing conceptions of human dignity at the Supreme Court. *Sask. L. Rev.*, n. 70, 2007.

GAY, Peter. *The enlightenment*: an interpretation. New York: W. W. Norton & Company, 1977.

GIMENO-CABRERA, Véronique. *Le traitment jurisprudentiel du principe de dignité de la personne humaine dans la jurisprudence du Conseil Constitutionnel Français et du Tribunal Constitutionnel Espagnol*. Paris: L.G.D.J, 2004.

GIRARD, Charlotte; HENNETTE-VAUCHEZ, Stéphanie. *La dignité de la personne humaine*: recherche sur un processus de juridicisation. Paris: Presses Universitaires de France – PUF, 2005.

GOODMAN, Maxima D. Human dignity in Supreme Court constitutional jurisprudence. Lincoln: *Nebraska Law Review*, n. 84, 2005-2006.

GRAYLING, A.C. *Meditations for the humanist*: ethics for a secular age. Oxford: Oxford University Press, 2002.

GREENHOUSE, Linda. In a momentous term, justices remake the law, and the Court. *The New York Times*, 1 Jul. 2003.

GRIMM, Dieter. Die Würde des Menschen ist unantastbar. *In*: 24 Kleine Reihe. Stuttgart: Stiftung Bundespräsident-Theodor-Heuss-Haus, 2010.

HABERMAS, Jürgen. *Between facts and norms*: contributions to a discourse theory of law and democracy. Cambridge, MA: MIT Press, 1996.

HABERMAS, Jürgen. The concept of human dignity and the realistic utopia of human rights. *Metaphilosophy*, n. 41, 2010.

HART, H. L. A. *Law, liberty and morality*. London: Oxford University Press, 1963.

HART, H. L. A. *Morality and the law*. Belmont: Wadsworth Publishing Co, 1971.

HAUSER, Joshua. Beyond Jack Kevorkian. *Harvard Medical Alumni Bulletin*. 2000. Disponível em: <http://harvardmedicine.hms.harvard.edu/doctoring/medical%20ethics/kevorkian.php>.

HAZARD, Paul. *European thought in the eighteenth century*. Trad. J. Lewis May. New Haven: Yale University Press, 1954.

HEGEL, G. W. F. *Philosophy of right*. Trad. S. W. Dyde. Pennsylvania: Pennsylvania State University Press, 1996.

HENNETTE-VAUCHEZ, Stéphanie. When ambivalent principles prevail: leads for explaining western legal orders' infatuation with the human dignity principle. *Legal Ethics*, n. 10, 2007.

HOFFE, Otfried. Kategorische Rechtsprinzipien. *Ein Kontrapunkt der Moderne*. Frankfurt: Suhrkamp, 1990.

HOFSOMME, Molly M. The UK defies European Court of Human Rights by denying all prisoners the right to vote. *The Human Rights Brief*, 23 Abr. 2011. Disponível em: <http://hrbrief.org/2011/04/the-uk-defies-european-court-of-human-rights-by-denying-all-prisoners-the-right-to-vote/>. Acesso em: 14 Jun. 2011.

HOLMES, Oliver Wendell. The path of the law. *Harvard Law Review*, n. 10, 1897.

HOLYOAKE, George Jacob. *The origin and nature of secularism*. Londres: Watts, 1896.

HONDERICH, Ted. *The Oxford Companion to Philosophy*. New York: Oxford University Press, 1995.

HONNETH, Axel. *The struggle for recognition*: the moral grammar of social conflicts. Cambridge, MA: MIT Press, 1996.

HUME, David. *A treatise of human nature*. 1738. Disponível em: <http://ebooks.adelaide.edu.au/h/hume/david/h92t/B2.3.3.html>.

JACKSON, Vicki C. Constitutional dialogue and human dignity: States and transnational constitutional discourse. *Montana Law Review*, n. 65, 2004.

JOHNSON, Kirk. Montana ruling bolsters doctor-assisted suicide. *The New York Times*, 31 dez. 2009. Disponível em: <http://www.nytimes.com/2010/01/01/us/01suicide.html>.

JORDAAN, Donrich W. Autonomy as an element of human dignity in South African case law. *The Journal of Philosophy, Science & Law*, n. 8, 2009.

KADIDAL, Shayana. Obscenty in the age of mechanical reproduction. *The American Journal of Comparative Law*, n. 44, 1996.

KANT, Immanuel. An answer to the question: what is enlightenment?. *In*: SCHMIDT, James (Ed.). *What is enlightenment?*. Los Angeles: University of California Press, 1996.

KANT, Immanuel. *Groundwork of the metaphysics of morals*. Trad. Mary Gregor. Cambridge: Cambridge University Press, 1998.

KANT, Immanuel. *The critique of practical reason*. Indianapolis: Hackett Publishing Company, 2002.

KANT, Immanuel. *The metaphysics of morals*. New York: Cambridge University Press, 1996.

KANT'S MORAL PHILOSOPHY. *In*: JOHNSON, Robert. *Stanford Encyclopedia of Philosophy*. Disponível em: <http://plato.stanford.edu/entries/kant-moral/>.

KATEB, George. *Human dignity*. Cambridge, MA: Harvard University Press, 2011.

KATZ, Gail A. Parpalaix c. CECOS: Protecting intent in reproductive technology. *Harvard Journal of Law and Technology*, n. 11, 1998.

KENNEDY, David; FISHER III, William. *The canon of american legal thought*. Princeton: Princeton University Press, 2006.

KENNEDY, Duncan. *The rise and fall of classical legal thought*. Washington, D.C: Beard Books, 2006.

KENNEDY, Duncan. Three globalizations of law and legal thought: 1850-2000. *In*: TRUBEK, David; SANTOS, Alvaro (Ed.). *The new law and development*: a critical appraisal. Cambridge: New York, 2006.

KOH, Harold Hongju. International law as part of our law. *Faculty Scholarship Series*. Paper 1782, 2004. Disponível em: <http://digitalcommons.law.yale.edu/fss_papers/1782/>.

KOH, Harold Hongju. The globalization of freedom. *Yale J. Int'l L.*, n. 26, 2001.

KOMMERS, Donald P. The constitutional jurisprudence of the Federal Republic of Germany. 2nd. ed. Durham: Duke University Press, 1997.

KRETZMER, David. Human dignity in Israeli jurisprudence. *In*: KRETZMER, David; KLEIN, Eckart (Ed.). *The concept of human dignity in human rights discourse*. The Hague, 2002.

KUFLIK, Arthur. Liberalism, legal moralism and moral disagreament. *Journal of Applied Philosophy*, n. 22, 2005.

KUHSE, Helga. Is there a tension between autonomy and dignity?. *In*: KEMP, Peter *et al*. (Ed.). *Bioethics and Biolaw*. Copenhagen: Rhodos International Science and Art Publishers, 2000. v. 2. Four ethical principles.

KYMLICKA, Will. Liberal individualism and liberal neutrality. *Ethics*, n. 99, Jul. 1989.

KYMLICKA, Will. *Multicultural citizenship*: a liberal theory of minority rights. New York: Oxford University Press, 1995.

LANE, Charles. Scalia tells congress to mind its own business. *Washington Post*, 19 Mai. 2006. Disponível em: <http://www.washingtonpost.com/wp-dyn/content/article/2006/05/18/AR2006051801961.html>.

LEE, Man Yee Karen. *Equality, dignity, and same-sex marriage*: a rights disagreement in democratic societies. Leiden: Martinus Nijhoff Publishers, 2010.

MACKLIN, Ruth. Dignity is a useless concept. *British Medical Journal*, n. 327, 2003.

MADISON, James. *Federalist 63*. Disponível em: <http://www.constitution.org/fed/federa63.htm>.

MARTEL, Letícia de Campos Velho. *Direitos fundamentais indisponíveis*. mar. 2011. Tese (Doutorado em Direito) – Universidade do Estado do Rio de Janeiro, Rio de Janeiro, 2011. Disponível em: <http://works.bepress.com/cgi/viewcontent.cgi?article=1006&context=leticia_martel>.

MCCRUDDEN, Christopher. Dignity and judicial interpretation of human rights. *European Journal of International Law*, n. 19, 2008.

MENAND, Louis. *The metaphysical club*: a story of ideas in America. New York: Farrar, Straus and Giroux, 2002.

MICHELMAN, Frank. Law's Republic. *Yale Law Journal*, n. 97, 1988.

MILL, John Stuart. *On liberty*. Oxford: Clarendon Press, 1874.

MILLER, Jeremy M. Dignity as a new framework, replacing the right to privacy. *Thomas Jefferson Law Review*, v. 30, 2007-2008.

MINOW, Martha. Equality under the bill of rights. *In*: MEYER, Michal J.; PARENT, William A. (Ed.). *The constitution of rights, human dignity and american values*. Ithaca, NY: Cornell University Press, 1992.

MORAES, Maria Celina Bodin de. *O conceito de dignidade humana*: substrato axiológico e conteúdo normativo. *In*: SARLET, Ingo Wolfgang (Ed.). *Constituição, direitos fundamentais e direito privado*. Porto Alegre: Livraria do Advogado, 2003.

MORAES, Vinicius de. *A maior solidão é a do ser que não ama*. Disponível em: <http://www.luisrobertobarroso.com.br/wp-content/themes/LRB/pdf/vinicius_de_moraes_a_maior_solidao_e_a_do_ser_que_nao_ama.pdf>.

MORAL REALISM. *In*: SAYRE-MCCORD, Geoff. *Stanford Encyclopedia of Philosophy*. Summer. 2011 edition. Disponível em: <http://plato.stanford.edu/archives/sum2011/entries/moral-realism/>.

NEUMAN, Gerald L. Human dignity in United States constitutional law. *In*: SIMON, Dieter; WEISS, Manfred (Ed.). *Zur Autonomie des Individdums*. Berlin: Nomos Publishers, 2000.

NEVES, Marcelo. *Entre Hidra e Hércules*: princípios e regras constitucionais como diferença paradoxal do sistema jurídico. Brasília: Ed. UnB, 2010.

NORTH, Michael. *The hippocratic oath*. Trad. Michael North. National Library of Medicine, National Institutes of Health. Disponível em: <http://www.nlm.nih.gov/hmd/greek/greek_oath.html>.

NOZICK, Robert. *Anarchy, State, and Utopia*. New York: Basic Books, 1974.

NUSSBAUM, Martha. *Frontiers of justice*. Cambridge, MA: Harvard University Press, 2006.

NUSSBAUM, Martha. Human dignity and political entitlements. *In*: HUMAN dignity and bioethics. Washington, DC: Government Printing Office, 2008. Essays Commissioned by the President's Council on Bioethics.

PARENT, William A. Constitutional values and human dignity. Trad. Michal J. Meyer, William A. Parent. *The constitution of rights, human dignity and american values*. Ithaca: Cornell University Press, 1992.

PATERNALISM. *In*: DWORKIN, Gerald; ZALTA, Edward N. (Ed.). *Stanford Encyclopedia of Philosophy*, Summer 2010 edition. Disponível em: <http://plato.stanford.edu/archives/sum2010/entries/paternalism/>.

PAULSON, Michael. Pope says gay unions are false. *The Boston Globe*, 7 jun. 2005.

PAUST, Jordan J. Human dignity as a constitutional right: a jurisprudentially based inquiry into criteria and content. *Howard L.J.*, n. 27, 1984.

PICO DELLA MIRANDOLA, Giovanni. *De la dignité de l'homme*: biographie. Disponível em: <http://www.lyber-eclat.net/lyber/mirandola/picbio.html> A tradução do francês para o inglês está disponível em: <http://en.wikipedia.org/wiki/Giovanni_Pico_della_Mirandola>.

PICO DELLA MIRANDOLA, Giovanni. *Oratio de Hominis Dignitate*. Disponível em: <http://www.wsu.edu:8080/~wldciv/world_civ_reader/world_civ_reader_1/pico.html>.

PINKER, Steven. The stupidity of dignity. *The New Republic*, 28 May. 2008. Disponível em: <http://www.tnr.com/article/the-stupidity-dignity>.

POLIKOFF, Nancy D. We will get what we ask for: why legalizing gay and lesbian marriage will not "dismantle the legal structure of gender in every marriage". *Virginia Law Review*, v. 79, 1993.

POSNER, Richard. No thanks, we already have our own laws. *Legal Affairs*. Disponível em: <http://www.legalaffairs.org/issues/July-August-2004/feature_posner_julaug04.msp>.

POST, Robert. *Constitutional domains*: democracy, community, management. Cambridge: Harvard University Press, 1995.

POST, Robert. Dignity, autonomy, and democracy. *Working papers*, Institute of Governmental Studies, 2000-11. Disponível em: <http://igs.berkeley.edu/publications/working_papers/WP2000-11.pdf>.

RABKIN, Jeremy. What can we learn about human dignity from international law. *Harv. J. L. & Pub. Pol'y*, n. 27, 2003.

RADBRUCH, Gustav. *Fünf Minuten Rechtsphilosophie.* Heidelberg: Rhein-Neckar-Zeitung, 1945.

RAO, Neomi. On the use and abuse of dignity in constitutional law. *Columbia Journal of European Law*, n. 14, 2007-2008.

RAWLS, John. *A theory of justice*. Cambridge, MA: Harvard University Press, 1971.

RAWLS, John. *Collected papers*. Cambridge, MA: Harvard University Press, 1999.

RAWLS, John. *Political liberalism*. New York: Columbia University Press, 1993.

RAWLS, John. The idea of overlapping consensus. *Oxford Journal of Legal Studies*, n. 7, 1987.

RAWLS, John. *The law of peoples*. 1999. Disponível em: <http://plato.stanford.edu/entries/rawls/#PubRea>.

RAZ, Joseph. *The morality of freedom*. Oxford: Clarendon, 1986.

RESNIK, Judith; SUK, Julie C. Adding insult to injury: questioning the role of dignity in conceptions of sovereingty. *Stan. L. Rev*, n. 55, 2003.

ROBERT, Jacques. The principle of human dignity. *The principle of respect for human dignity*: Seminar Proceedings. Council of Europe, 1999.

ROBERTS, Sam. An american rite: suspects on parade (bring a raincoat). *The New York Times*, 20 May. 2011.

ROGATZ, Peter. The virtues of physician-assisted suicide. *The Humanist*, Nov./Dec. 2001. Disponível em: <http://www.thehumanist.org/humanist/articles/rogatz.htm>.

ROOSEVELT, Franklin D. *Discurso sobre o Estado da União*, 14 Jan. 1941. Disponível em: <http://americanrhetoric.com/speeches/PDFFiles/FDR%20-%20Four%20Freedoms.pdf>. Acesso em: 15 Jun. 2011.

ROSENFELD, Michael J. *The age of independence*: interracial unions, same-sex unions, and the changing american family. Cambridge, MA: Harvard University Press, 2007.

ROSENTHAL, Elizabeth. Legal or not, abortion rates compare. *The New York Times*, 12 Out. 2007. Disponível em: <http://www.nytimes.com/2007/10/12/world/12abortion.html>.

RÖSSLER, Beate. Problems with autonomy. *Hypatia*, v. 17, 2002.

ROUSSEAU, Dominique. *Les libertés individuelles et la dignité de la personne humaine*. Paris: Montchrestien, 1998.

ROUSSEAU, Jean-Jacques. *Discourse on the origins and foundations of inequality among men*. Indianapolis: Hackett Publishing Company, 1992.

SADURSKI, Wojciech. Joseph Raz on liberal neutrality and the harm principle. *Oxford Journal of Legal Studies*, v. 10, 1990.

SANDEL, Michael J. *Justice*: what's the right thing to do?. New York: FSG, 2009.

SANTIAGO NINO, Carlos. *Ética y derechos humanos*. Buenos Aires: Editorial Paidos, 1984.

SARTRE, Jean-Paul. *Existentialism as humanism*. London: Methuen, 1973.

SARTRE, Jean-Paul. *The being and the nothingness*. Trad. Hazel E. Barnes. New York: Citadel Press, 1956.

SAVAGE, Charlie; STOLBERG, Sheryl Gay. In shift, U.S. says marriage act blocks gays rights. *The New York Times*, 23 Fev. 2011. Disponível em: <http://www.nytimes.com/2011/02/24/us/24marriage.html>.

SCHACHTER, Oscar. *Editorial comment*: human dignity as a normative concept. *Am. J. Int'l L.*, n. 77, 1983.

SCHAUER, Frederick. The exceptional first amendment. *KSG Working Paper*, n. RWP05-021. Feb. 2005. Disponível em: <http://ssrn.com/abstract=668543>.

SCHAUER, Frederick. The politics and incentives of legal transplantation. CID Working Paper n. 44, *Law and Development Paper*, n. 2, Apr. 2000.

SCRUTON, Roger. *Kant*: a very short introduction. New York: Oxford University Press, 2001.

SEGADO, Francisco Fernandez. *El sistema constitucional español*. Madrid: Dykinson, 1992.

SELZNICK, Philip. *The moral commonwealth*: social theory and the promise of community. Berkeley: University of California Press, 1992.

SIEGEL, Reva. Dignity and politics of protection: abortion restriction under Casey/ Carhart. *Yale Law Journal*, n. 117, 2008.

SINGER, Peter. *Ethics*. Oxford: Oxford University Press, 1994.

SINGER, Peter. *Hegel*: a very short history. New York: Oxford University Press, 2001.

SLAUGHTER, Anne-Marie. *A new world order*. Princeton: Princeton University Press, 2004.

STARCK, Christian. The religious and philosophical background of human dignity and its place in modern Constitutions. *In*: KRETZMER, David; KLEIN, Eckart (Ed.). *The concept of human dignity in human rights discourse*. The Hague: Kluwer Law International, 2002.

STEINFELD, Robert J. Property and suffrage in the early american republic. *Stanford Law Review*, n. 41, 1989.

STERN, Seth; WERMIEL, Stephen. *Justice Brennan*: liberal champion. New York: Houghton Mifflin Harcourt, 2010.

SULMASY, Daniel P. Human dignity and human worth. *In*: MALPAS, Jeff; LICKISS, Norelle (Ed.). *Perspectives on human dignity*: a conversation. Springer, 2007.

SUNSTEIN, Cass R. *The second bill of rights*: FDR's unfinished revolution and why we need it more than ever. New York: Basic Books, 2004.

SUSSMAN, Dalia. Conditional support poll: thirty years after Roe *vs*. Wade, american support is conditional. *ABC News*. Disponível em: <http://abcnews.go.com/sections/us/dailynews/abortion_poll030122.html>.

TAYLOR, Charles. *A secular age*. Cambridge, MA: Harvard University Press, 2007.

TERSMAN, Folke. *Moral disagreement*. Cambridge, MA: Cambridge University Press, 2006.

TIMMERMANN, Jens. *Kant's groundwork of the metaphysics of morals*: *a* commentary. New York: Cambridge University Press, 2007.

TOMUSCHAT, Christian; CURRIE, David P; SERVIÇO DE LINGUAGEM DO PARLAMENTO ALEMÃO. Lei fundamental da República Federal da Alemanha. Tradução para o inglês disponível em: <https://www.btg-bestellservice.de/pdf/80201000.pdf>.

TRIBE, Laurence. *Larry tribe on liberty and equality*. Disponível em: <http://balkin.blogspot.com/2008/05/larry-tribe-on-liberty-and-equality.html>.

TUSHNET, Mark. *A Court divided*: the rehnquist Court and the future of constitutional law. New York: W. W. Norton and Company, 2005.

TUSHNET, Mark. Comparative constitutional law. *In*: ROSENFELD, Michel; SAJÓ, András. *The Oxford handbook of comparative law*. Oxford: Oxford University Press, 2006.

ULLRICH, Dierk. Concurring visions: human dignity in the canadian charter of rights and freedoms and the basic law of the Federal Republic of Germany. *Global Jurist Frontiers*, n. 3, 2003.

UNGER, Roberto Mangabeira. *The self awakened*: pragmatism unbound. Cambridge, MA: Harvard University Press, 2007.

VAZ, Henrique Cláudio de Lima. *Ética e direito*. São Paulo: Loyola, 2002.

VON PUFENDORF, Samuel. *De Iure Naturae et Gentim*. 1672. Disponível em: <http://www.archive.org/stream/samuelispufendor1672pufe#page/n19/mode/2up>.

VON PUFENDORF, Samuel. *On the duty of man and citizen*?: according to the natural law. 1673. Disponível em: <http://www.lonang.com/exlibris/pufendorf/index.html>.

WALDRON, Jeremy. Dignity, rank, and rights: the 2009 tanner lectures at *UC Berkley. Public Law & Legal Theory Research Paper Series*, 2009. Working Paper n. 09-50.

WALDRON, Jeremy. Moral autonomy and personal autonomy. *In*: CHRISTMAN, John; ANDERSON, Joel (Ed.). *Autonomy and the challenges to liberalism*: new essays. Cambridge: Cambridge University Press, 2005.

WEBER, Max. *On law in economy and society*. Trans. Edward Shils, Max Rheinstein Cambridge, MA: Harvard University Press, 1969.

WERMEIL, Stephen J. Law and human dignity: the judicial soul of Justice Brennan. *William & Mary Bill of Rights*, v. 7, 1998-1999.

WEST, Robin L. From choice to reproductive justice: De-Constitutionalizing abortion rights. *Yale Law Journal*, v. 118, 2009.

WHITMAN, James Q. The two western cultures of privacy: dignity versus liberty. *Yale Law Journal*, n. 113, 2004.

WILLIAMSON, Edwin. *The Penguin history of Latin America*. New York: Penguin Books, 2009.

WRIGHT, G. H.von. *The logic of preference*. Edinburgh: Edinburgh University Press, 1963.

ZUCCA, Lorenzo. *Constitutional dilemmas*. 2008. Disponível em: <http://www.oxford-scholarship.com.ezp-prod1.hul.harvard.edu/oso/private/content/law/9780199552184/p045.html#acprof-9780199552184-chapter-7>.

Esta obra foi composta em fonte Palatino Linotype, corpo 10
e impressa em papel Offset 75g (miolo) e Supremo 250g (capa)
pela Gráfica Formato.